n' Wandel met die Here

Inleiding

Hierdie boek is om my ervarings te deel uit my wandel met God. Ek wandel met God vir meer as twaalf jaar nou en wat ek geleer het oor myself is wonderbaarlik. My hoop is dat jy sal baat vind by my ervarings in my wandel met God. Lees hierdie boek met hierdie visie in gedagte, dat jy nooit ek kan wees nie. Neem net die openbaring om jou persoonlike lewe te verbeter om God te verheerlik. Hierdie boek sal jou help om 'n aktiewe lewe te lei in die koninkryk van God en 'n pasaanwyser in jou bedryf, gemeenskap, bediening, jou geslag en die volgende generasie te wees nadat jy die aarde verlaat het.

Dank Seggings

Hiermee wil ek net dankie se vir my God en Vader van onse Here Jesus Christus wat saam met my wandel en my bewaar op al my wee en ook vir my familie, vriende, kennisse en mense wat insae gelewer het tot my geestelike groei en hulp om die boek te tik vir almal wat hulp nodig het daar buite wat glo daar bestaan n' God wat sy skepselle lief het.

Christus het gekom sodat ons die lewe kan hê en het dit in oorvloed. Dit is 'n kragtige teks in die Skrif, as jy as 'n gelowige die openbaring van die teks verstaan. Die Here Jesus het gekom om ons vry van geestelike armoede te stel en om die werke van die duiwel te vernietig en om te openbaar dat hy die engel van die dood is. Na hierdie openbaring het ek opgewonde oor my nuwe lewe in Christus as 'n weeder geborene gelowige geword. Ek het vir elke persoon wat ek mee kon praat, oor wat die Here Jesus gekom doen het vir ons as mense vertel. In daardie tyd het ek nie verstaan waarom sommige mense geluister en ander my verwerphet nie, maar dank God vir die mense van God om my te lei in my wandel met God op daardie spesifieke tyd in my lewe. Is ongelooflik wat jy kan leer uit iemand sterker in geloof as jy, as jy net nederige sou wees. In die kerk is dit goed om die Woord van God te hoor, maar wat regtig belangrik is, is hoe jy optree teen daardie openbaring wat jy ontvang het. God se Woord in aksie gee krag aan 'n normale persoon. Daar is drie dinge wat moet gebeur wanneer jy die Woord van God hoor. Die eerste is openbaring. Openbaring is die begrip van die woord wat jy hoor. Tweede is

5

meedeling. Meedeling is hoe jy optree teenoor die openbaring / begrip van die woord wat jy hoor. Derde is manifestasie. Manifestasie is die Woord in aksie deur jou as gevolg van jou gehoorsaamheid aan die Woord van God wat jy gehoor het. Ek het geleer dat as God jou seën, seen Hy jou deur sy Woord om die ding te kry wat jy wil he. Hy doen niks sonder Sy Woord nie. Die Bybel sê dat " U het u Woord ver bo U naam gestel. Dus hoe kragtig God se Woord is en Hy vertrou in Sy Woord. As God in Sy Woord glo, wat van ons. Ons is nie beter as God nie. Hy is die God van die heelal. God se Woord is lewend en aktief, skerper as enige tweesnydende swaard, en dring deur tot by die skeiding van siel en gees en van gewrigte en murg, en kan gedagtes en bedoelings van die hart beoordeel. Die Heilige Gees gee lewe aan ons woorde wat ons spreek sodat die woorde tot stand gebring kan word wat ons gesê het in die aarde. Dus hoekom ons nodig het om die Woord van God te bestudeer, sodat ons God bewus in 'n demoniese gedrewe wêreld kan raak. Alles wat ons sien het n' geestelike impak agter dit, hetsy positief of negatief. Aarde is 'n afdeling vir die mens, nie geeste nie. Psalms 8 verklaar dat "wat is die mens dat U aan hom dink, die mensekind dat U na hom omsien. U het hom 'n weinig minder as die engele gemaak en hom met eer en heerlikheid gekroon. Ons is geskaape om te heers oor die werke van God se hande. Hy het alles onder ons voete gestel. "Ons moet die Woord van God ken en verstaan om oorwinning in ons daaglikse lewens te het tydens ons verblyf op aarde. Die duiwel en sy affallige engele is bang vir die Woord van God en die Heilige Gees in ons. God se teenwoordigheid is Heilig en lig. Geen demoon kan in God se teenwoordigheid staan nie. Hulle is bang, want hulle is donker en opstandig teenoor hom. Die Woord van God het vlees geword en onder die mens kom woon. Die profete van die ou tyd het geprofeteer oor die Here Jesus se koms 'n lang voordat Hy gekom het. God het vir Eva gese "Jou nageslag sal die slange se kop verpletter. " God weet wat aan die gang is in ons lewens en dit is hoekom Hy voorsiening gemaak het vir ons deur Jesus. Ons ore moet luister na God se Woord en so optree. God se Woord is die manier waarop ons in Sy koninkryk moet leef. Sy Woord is sy reëls wat werk vir ons in sy koninkryk. Elke koninkryk het sy eie wette en regulasies. In Suid-Afrika is daar wette wat nodig is om te gehoorsaam, anders sal jy in 'n regsaak geplaas word om so 'n geval te redeneer, waarom jy die wette verontagsaam van die land. Op dieselfde wyse het ons in die wêreld God se wette. Stelsel beteken dat die manier waarop dinge gedoen word volgens die beginsels van daardie koninkryk. Die koninkryk van die duisternis het deur die loop van die menslike bestaan n' invloed gehad op die mensdom se leer en wette. Nie almal weet of glo dat daar wel 'n duiwel bestaan nie, want hulle is onkundig volgens God se Woord. Diegene wat uit God gebore is, luister na sy Woord. Stelselmatig deur die eeue het die duiwel probeer om wette en tye te verander om God se wil uit die weg te ruim, sodat die mens die Woord van God nie moet glo nie. Ons as gelowiges moet luister na die Woord van God as ons 'n oorwinnings lewe op aarde wil beleef in ons alle daagse lewens. 'n Gelowige wat in Jesus glo as die Seun van God moet leef volgens die beginsels van God se Woord om te slaag in die alledaagse lewe. God se oproep is om te glo in Jesus as die seun van God. Duisternis en lig het geen gemeenskap nie. God haat sonde dit is hoekom Hy Jesus gegee het vir 'n losprys vir almal wat in

Hom sal glo. As ons glo dat God se Woord die waarheid is dan moet ons ooreenkomstig optree om die krag van Sy Woord te ervaar in ons daaglikse lewens. Die koninkryk van ons hemelse Vader bestaan in krag. Duiwels hoef nie weg te vlug vir 'n kind van God wat geen krag het nie. Krag is gesag wat God vir ons gee as gelowiges deur onse Here Jesus Christus, maar ons moet deur te lees, studeer, deur die spreek van sy Woord oefen. Krag lê in die gemanifesteerde Woord van God. Ons glo dat die stelsel volgens die Woord van God sal maak dat duiwels buig voor ons, wanneer ons die Woord van God leef. Die Woord word aan die lig gebring deur die natuurlike oog wanneer dit uitgevoer word. Alles in God se koninkryk gebeur deur te glo, praat en op te tree in ooreenstemming met die woord. Jou geloof stelsel moet gebou wees volgens God se standaarde. Sy standaard is Christus. Soos die Bybel sê: "In die begin was die Woord, die Woord was by God en die Woord was God. Hy was in die begin by God. Alle dinge het deur Hom ontstaan, en sonder Hom het niks tot stand gekom nie ". Vers14 sê "En die Woord het vlees geword en gaan woon tussen ons, en ons het sy heerlikheid aanskou, 'n heerlikheid soos van die

Eniggeborene wat van die Vader kom, vol van genade en waarheid." So nou verstaan ons dat God se Woord moet gebewys word in die lewe van 'n gelowige. Let op wat jy glo van God se Woord. Die Woord van God is so kragtig, dat as jy glo wat dit sê en jy dit doen sal jy oorwinning het elke keer. Prys die Here vir Sy wysheid wat nie een van die heersers van hierdie wêreld geken het nie. Hallelujah-ah! God in Sy oneindige wysheid het Jesus die gekruisigde Christus in die hemel gekruisig, voor Adam en Eva gesondig het. Hulle het 'n wil om te kies tussen reg en verkeerd, maar nog steeds Hy het 'n manier om te ontsnap vooraf beplan. God gee 'n persoon 'n vrye wil om te besluit om sy Woord te gehoorsaam. Ons kan God nie blameer vir verkeerde besluite wat ons neem nie. Jy moet verantwoordelikheid vir jou daade neem. Dus hoe wette werk en dit is hoekom mense gestraf word. Die wet van Moses is gegee om mense te oordeel, net soos die wet van 'n land. Basies alle wette is afgelei in een of die ander wyse van God se wet. Die Bybel sê "Die wet is gegee as 'n tugmeester na Christus." Christus het gekom om die wet te vervul, want daar was geen mens regverdig genoeg volgens God se wet om dit te vervul nie. Die Here Jesus was sonder sonde en die Bybel sê. "Hy is in alle opsigte versoek, maar sonder sonde. "Sjoe! Dankie Here Jesus. Nou is ons die geregtigheid van God in Christus. Daar is geen wet teen ons wat ons oordeel nie. God vervul sy eie wet in Christus. Jesus sterf regverdige om onregverdige mense wat in Hom sal glo, te red. Hy het sonde geword, sodat ons kan word geregtigheid van God in Hom deur die geloof. n' Persoon kan nie geregverdig word uit die werke van die wet nie. Selfs die Bybel verklaar dat God sê vir Israel: "Jou beste werke is soos 'n vuil lap". "Deur die geloof kan jy nie gered deur jou werke nie, sodat niemand kan roem nie." Die Bybel selfs sê "Naby jou is die Woord, dus in jou hart en in jou mond. Laat ons met die hart glo tot geregtigheid en met die mond bely tot redding." As jy met jou mond bely Jesus as Here, en glo in jou hart dat God hom uit die dode opgewek het, sal jy gered word. "Wat 'n gratis geskenk om net te glo dat God Sy Seun gestuur het vir ons sondes. Ons Here Jesus het na sy dood in die vlees uit die dood opgestaan en Hy het die evangelie van die koninkryk van God aan die geeste verkondig aan die mense van die ou tyd in Noag se tyd wat teen die woorde

van God se dienaar opstandige was.
Awesome God wow! Onse Vader in die
hemel is so liefdevol om te dink Hy stuur sy
enigste Seun om vir ons te sterf. Dink net
oor dit, jy het hom nie gevra om dit te doen
nie. Hy het dit gedoen voordat jy gebore is.
Trouens, voordat Hy die hemel en die aarde
gemaak het was die Lam gekruisig. Hierdie
waarhede het regtig my lewe verander. Ek
het grootgeword sonder 'n pa en ek is deur
my ouma groot gemaak die res van my
jeugdige lewe. Sommige familielede het ook
deelgeneem aan my opvoeding. Ek is geseën
met 'n liefdevolle gesin. My pa het besluit
om my te laat bly met my ma vanaf die
ouderdom van sewe. Hulle het so
ooreengekom. God het 'n plan in Sy
soewereiniteit vir my gehad, dus hoekom ek
is wie ek is vandag. Miskien as my pa gebly
het sou ek iewers anders opgeeindig het. Ek
is net bly dat ek God gevind het en dit is al
wat saak maak. Hierdie boek is my storie, so
ek sal dit vertel die manier soos ek dit beleef
het. Niemand kan jou verhaal vertel beter as
wat jy dit kan vertel nie. Ons leef in 'n
samelewing deesdae waar mense jou lewe
vir jou wil lewe. God het ons unieke
individuee gemaak. Hoekom sou iemand wil
'n kopie kat wees. Die Bybel sê: "Ons is nie

soos diegene wat hulself vergelyk teenoor mekaar nie. "Wees getrou aan jouself as 'n individu. Ons vingerafdrukke is anders. Alles oor my is anders. God het my my regte ore, regte oe, regte mond en regte persoonlikheid gegee. Ek is die oorspronklike. Ek woon die lewe wat God vir my bestem het. Ek weier om af stom na ander se verwagtinge van my. Ek sal God dien met alles wat ek is. Christus het gekom om my lewe te gee in oorvloed. Ek het al die krag van God in Christus in my om te slaag in die lewe wat God my gegee het. Ek is gebore om geskiedenis te maak en 'n wêreld veranderaar. Niks kan my verhinder en niks kan my stop. Dus my tyd om te skyn. Mislukking sal nie my lot bepaal nie. Omstandighede sal nie my gedrag bepaal nie. Ek is nie 'n produk van my omgewing nie. Christus leef deur my en hoewel ek nie altyd alles reg kry nie ken ek iemand wat reg is. Sy naam is Jesus. My geregtigheid, my wysheid uit God en my krag van God. Ek het besluit om myself en my lewe life te het. Op hierdie stadium van my lewe is ek tevrede met myself en ek sal meer gelukkiger wees, want ek is oop vir verandering. Verandering is goed as dit winsgewend is tot die voordeel van ander. Ek is vas aan my manier van dink soos God bestem het vir my om te dink om my te verander na Sy wil. n' Persoon se leefwyse word bepaal deur besluite. Ek is hier waar ek nou is, as gevolg van besluite wat ek gemaak het. Die aarde is 'n domein gedryf deur besluite. Dinge is soos hulle is, want ek is soos ek is. Moenie huiwer om meer vir jou lewe te verwag nie. Positiwiteit is goed. Verander jou uitkyk op die lewe. Laat God se Woord jou persepsie verander. 'n Pasaanduider in die lewe. Iemand wat mense na kan opsien. God se genade is vir jou genoeg. Ons het almal 'n guns deur Christus, onse Here. Doen jou eie wedloop. Hou jou oë op die Woord van God. Die manier waarop Jesus geleef het is die voorbeeld waarna ons, ons eie lewens moet aanpas. Die apostel Paulus skryf aan Timoteus "Al wat jy gesien en gehoor het van my af, doen hulle en die God van vrede sal met julle wees." Wat hy bedoel het, deur die wil van God is wat julle in my gesien het en gehoor het doen dit dan sal julle God se vrede ervaar. Die wêreldse mense het 'n manier van dink en so ook God. Ons moet ons denkwyse aan die Woord van God verander. Die Bybel verklaar: "U hou in volle vrede wie se verstand bly op U." God

14

se Woord leer ons wat reg en verkeerd is in enige situasie. "Dus 'n lig op my pad en 'n lamp vir my voete. "n' Lig maak lig op donker paaie en 'n lamp word gebruik om te sien waar jy gaan. Die Woord van God verwyder al die donker gedagtes patroone in ons denke. Ons paradigmas is geprogrammeer deur die duiwel om 'n sekere manier te dink en nou moet ons met die hulp van God se Gees, deur middel van die Woord die patrone van denke verower. Jesus het gesterf sodat ons kan herstel word na ons oorspronklike staat van welsyn. God se hart was verskeur as gevolg van daardie daad wat die duiwel gedoen het. God was seer gemaak om te sien die kroon van Sy skepping ly. Die vyand teenstaan alles wat goed en volmaak is. Hy is 'n leuenaar, dief, verleier, vyand van goeie en opstandig teenoor God en sy skepping. Die einde van die duiwel is naby dis hoekom hy op 'n oorlog pad is om God se skepping te wil vernietig en hy begin met ons lewens. My lewe is 'n getuienis vir ander van hoe die vyand kan probeer om 'n persoon se lewe, veral as hy 'n kind van God is te vernietig. Hy haat ons met 'n diep wraak. Die Bybel sê: "Hy is 'n leuenaar van die begin af en die vader van die leuen.

Lucifer weet elkeen van ons in 'n sekere sin van menslike swakhede. Hy weet 'n mens word versoek in drie punte, soos die begeerlikheid van die oë en die begeerlikheid van die vlees en die grootsheid van die lewe. Elke persoon op die planeet aarde word versoek in hierdie opsigte op 'n dag-tot-dag basis. Dus ook hoe ons as gelowiges kan onderskei tussen reg en verkeerd deur oordeelkundig in te sien in watter een van dié punte ons in die versoeking kom. Ons liggame is die tempel van God se Gees. Ons kan onsself nie verontreinig met die weë van praktyke van die wêreld nie want dus teen God se Woord. Hou die goeie en winsgewende dinge in die samelewing, maar verag kwaad. Die lig van God deur die openbaring van Sy Woord in ons, is die antwoord vir die wêreldse mense en ons verkondig ook die evangelie van die koninkryk van God vir die geesteswêreld. Hierdie wêreld waarin ons leef nou word gereeld deur geestelike wesens se besoeke gemanifesteer in menslike vaartuie. Kyk net na die manier hoe mense deesdae optree in die samelewing. Hulle is "sonder natuurlike liefde, onversoenlik, onverstaanbare, geldgieriges, haat, afgode dienaars. "Almal op aarde het n' wil om te kies om Jesus

16

Christus te aanvaar as hul persoonlike Here en Verlosser. Daar is geen ander manier nie. Dus God se manier. Die Bybel selfs sê" Want aangesien in die wysheid van God die wêreld deur die wysheid nie God wou leer ken nie het dit God behaag om hulle die gees van dwaaling te gee. God was goed om deur die dwaasheid van die boodskap van die kruis se preediking te verkondig aan diegene wat glo en hulle te red. "Ek fokus op die Woord van God, vernuwe my gees op 'n daaglikse basis." Koop die tyd uit sê die Bybel. "Dus jou verantwoordelikheid om die Woord van God te bestudeer vir jou persoonlike groei en nie te wag vir die Pastoor tot Sondag diens om 'n Woord te hoor van God nie. God se Gees woon in ons. Ons is die huis van God. Voorwerpe van eer om die lof van sy heerlikheid te versprei. God word verheerlik deur ons daaglikse lewens. Ek het geleer dat dit nie hoe goed jy sing in die erediens span of hoe kragtig jy die Woord van God verkondig nie, maar hoe jy optree onder ander mense wat nie God dien nie. Wat jy doen terwyl jy in hulle midde is. Mense respekteer ons waneer ons nie doen wat hulle doen nie, maar hulle help om Christus te sien in ons lewens deur hulle te vermaan om in tye van benoudheid en om

17

beskikbaar te wees vir God om wonderwerke te doen deur middel van sy woord. Weer sal ek noem dus belangrik vir 'n gelowige om te studeer en die Woord van God te beoefen, deur die ontwikkeling van 'n verhouding met die Heilige Gees. Ons verhouding met die Heilige Gees is soos 'n vriendskap. Wat jy nodig het om tyd te spandeer saam met Hom te weet waarvan Hy hou en nie hou nie. Hy is 'n persoon dus die rede waarom die Bybel hom noem "Hy. "Hy is die derde persoon van die godheid. Die Heilige Gees verheerlik die Seun van God en dus hoe God verheerlik sal word. Die Bybel sê: "Want dit is gepas vir Hom, ter wille van wie alle dinge en deur wie alle dinge is, as Hy baie kinders na die heerlikheid wou bring, hy hulle bewerker van saligheid deur lyding moes volmaak. "Jesus het gely vir ons en het geleer en verstaan hoe dit voel om ons te wees. Hy help ons wanneer ons in die versoeking kom, want hy is in alle opsigte versoek net soos ons, maar sonder sonde. So God het vlees geword om ons te red deur die dood. Die Bybel sê dat "so lief het God die wêreld gehad, dat Hy sy eniggebore Seun gegee het, sodat elkeen wat in Hom glo, nie verlore sal gaan nie, maar die ewege lewe

18

kan beerwe. "Jesus is die Weg wat ons nodig het om te lewe, die waarheid volgens hoe ons moet leef en die lewe wat ons moet leef. "Ewige lewe is nou terwyl ons in 'n erdepot woon. Die Here Jesus het ons gewys hoe om die ewige lewe te leef. Hallelujah ek is lief vir God oor Sy oneindige wysheid en liefde teenoor die mensdom. Hierdie verborgenhede uit die Woord van God wat ek geleer het deur lojale mans en vroue van God, wat God lank gedien het voordat ek geweet het Hy is lief vir my. Ek dank God vir hulle, hulle weet wie hulle is. Ek onthou toe ek kom na die Here was ek onder die invloed van alkohol en ek het gehuil terwyl my palms rooi was, amper soos n'mens se bloeddruk hoog is. Voel vir my soos gister. God het my deur baie pyne en verdrukkinge gedra. Ek is verwerp deur 'n stief pa wat gebruik was om my te vra, om hom te vertel wanneer hy onder die invloed van alcohol was, wie my pa is. Op daardie tyd het ek nie n' verhouding met my pa gehad nie en omdat ek bang was vir hom , het ek hom vertel dat hy my pa is. n' Baie deurmekaar jong man. Die duiwel het seker gemaak dat alkohol my bron van troos vir my innerlike pyn was. Ek verstaan ook nou dat God 'n plan in verwerping het om my nou te

19

gebruik in hierdie stadium van my lewe om my storie met ander te kan deel. Ons was nie 'n ryk familie nie en ek het van my oupa, ouma en my ma se toelae geleef. My ma het siek geword terwyl sy 'n onderwyser aan die laerskool Krakeel Primer was. Die duiwel het baie van my gesteel en ek dink hy wou nie hê ek moet enige iets word in die lewe nie. Maar God het 'n plan vir my gehad. Hallelujah! Deur my lewe wou ek nog altyd 'n ster in die musiekbedryf wees, maar nooit geweet dat God my ma laat geboorte aan my skenk om my in my familie met 'n spesifieke doel te gebruik nie. Hy wil hê ek moet 'n seën vir hulle en ook vir ander wat antwoorde oor hul lewens gaan soek wees. Nou ek wil nie 'n ster meer wees nie, want ek verstaan dat ek gebore is 'n ster. God het my alles gegee wat ek nodig het tydens bevrugting in my moeder se moederskoot. Enig in sy soort. Die Heilige Gees het my tot dusver baie dinge geleer en ek glo niks gebeur per toeval nie. Wat jy nodig het om te werk in die koninkryk van God, werk aan dit. Christus het gesterf om ons, ons heerskappy terug te gee. Heerskappy op aarde is deur God gegee, sodat ons kan heers oor die aarde as konings en priesters vir onse God. Ons is buitengewone mense met buitengewone gawes. Die Bybel sê: "Ons is tot alles in staat deur Christus wat ons die krag gee. "Ons moet kom om te weet wat God ons gegee het. Die duiwel het geen mag oor ons nie, tensy jy hom die mag gee nie. Die Bybel sê dat "Ons bewaar onsself en die vyand het geen houvas op ons nie."Ons oorkom hom deur die bloed van die Lam en deur die woord van ons getuienis. "Jesus Christus is die Koning van die konings en Here van die heersers en Hy leef binnein ons. Die Skrif sê" God het ons die Gees van sy Seun in ons harte gegee. "Ons is nie alleen teen die vyand nie. Hy het die stryd verloor toe Jesus gesterf het en uit die dood opgestaan het. Daar staan geskrywe "Jesus het die sleutels van die dood en die koninkryk van die dood by hom geneem. Christus het vir ons wat in Hom die ewige lewe gegee. Ons kan nie sterf nie, maar sal lewe wanneer die Here met die stem van 'n aards engel aan ons roep en ons uit die graf uit op staan. En al die dooies sal opstaan. Ek gaan om vir ewig te lewe, ons dank God. Elke keer waneer ons getoets word om ons gehoorsaamheid te vervolmaak is dit die tyd hoekom ons moet opgewonde word om God tevrede te stel. Ons werk in

Christus is vir God se glorie. "Gelowiges in Christus is 'n aangename geur van Christus tot eer van God. " Wanneer die wêreld kyk na ons kyk kry hulle n' ruik 'n geestelike geur wat hul persepsie verander. Die wêreld moet Christus sien en dan verstaan hulle God se plan vir hulle om gered te word. Die mense sal Hom ervaar deur ons. Die antwoord wat hulle op soek is om uit te vind wie hulle is, is in Christus. Hulle is op soek na hul identiteit. Ons identiteit is Christus. Ons leef deur die geloof in die Seun van God, wat Sy lewe vir ons afgelê het.Vertrou in die teenwoordigheid van God in jou lewe. Hy weet hoe om jou te help en lei ons Christus het vir ons, ons gesag terug gegee. Geeste is onwettig op die planeet aarde. Hulle moet ons toestemming kry op die aarde. Die duiwel het deur 'n man en God het deur die baarmoeder van 'n vrou die aarde betree. Die duiwel is agter die nageslag van die vrou (Die kerk van onse Here Jesus Christus) aan. Ons in Christus Jesus is die vrou in die bybel. Ons is Christus se kerk. God se Gees sal nooit laat iets met ons gebeur nie, dus hoekom dit belangrik is om in die Gees te dink om die vyande se planne te onderskei. Die Woord van God word die lens waardeur ons kyk in hierdie verdraaide wêreld. Verdraai in 'n sin van onheilige praktyke onder die mens. Hul karakter is verdraai. Eienskappe van die duiwel. As gelowiges moet ons aflê die eienskappe van ons ou vader (duiwel) deur die vernuwing van ons gemoed met die Woord van God."Wees julle verander deur die vernuwing van julle gemoed, sodat julle kan beproef wat die regte en aanvaarbare wil van God is. "Mediteer op die Woord van God want die wapens van ons stryd is in die gees. "Daarom, neem die volle wapenrusting van God aan, sodat jy in staat is om te weerstaan in die dag van onheil, en alles wat nadat jy dit gedoen het, om vas te staan." Die vrede van God sal ons help deur die Gees van God wanneer ons dit nodig het in 'n situasie. Meditasie op die Woord van God gee vrede en troos in enige situasie. Ons loop deur die voorskrifte van die Gees van God en nie na die stem van die vleeslike natuur of die vlees nie. Daar is 'n verskil tussen die vlees en die vleeslike natuur. Die vlees is ons liggame en die vleeslike natuur is ons ou karakter met sy ou mentaliteit. Dus hoekom ons ons gedagtes vernuwe, want waar die gedagte gaan, gaan die liggaam volg. Die vyand is ons aanklaer, sodat ons nie sou suksesvol wees nie. Die versoekings

23

wat kom op ons paaie is algemeen aan die mens. Die Skrif sê "Geen versoeking het julle aangegryp behalwe 'n menslike nie; maar God is getrou, wat nie sal toelaat dat jy in die versoeking kom as wat jy in staat is nie, maar saam met die versoeking sal die uitkoms ook kom, sodat in staat sal wees om dit te verduur. "In 'n ander Skrif staan geskryf dat "Elkeen word versoek waneer hy wegesleep en verlok word deur sy eie begeerlikheid. Dan as die begeerlikheid ontvang het, baar dit sonde, en wanneer die sonde ontvang het, bring dit die dood voort." Ons vleeslike natuur veg teen God se wet van geregtigheid. "Die wil van die vleeslike natuur gedagte is vyandig teenoor God, want hy onderwerp homself nie aan die wet van God, want dit is nie eens in staat om dit te doen nie, en diegene wat die vlees bedink, kan God nie behaag nie." Ons brein veg ons, want dit wil gebalanseerd bly. Die menslike verstand wil nie verander nie, maar deur middel van meditasie en die Woord van God kan ons oorkom."Ons oorwin deur die bloed van die Lam en deur die woord van ons getuienis." "Die Woord is lewend en kragtig." Niks in die skepping kan God se Rhema (gesproke woord) stop nie. Sy Woord is gestig in die hemel. Bose geeste onderwerp hulle aan die Woord van God. Situasies verander wanneer jy die Woord van God profeteer. Die Gees van God binne-in 'n gelowige, salf die woorde van die gelowige wanneer dit gepraat word in ooreenstemming met die Woord van God. Ons sê, wat God eeue gelede gesê het deur Sy profete en apostels.God se Woord sal nooit leeg na ons terug keer nie. Die Bybel verklaar: "Ek het hulle My Woord gestuur om hulle te genees en om hulle te verlos uit al húlle probleeme." Ons wapen teen die vyand is die Woord van God wat die swaard van die Gees is.Suiwering is die gevolg van die Woord van God in die lewe van 'n gelowige. Die Here Jesus het gebid: "Vader heilig hulle met die waarheid want U Woord is die waarheid." "Julle sal die waarheid ken en die waarheid sal julle vrymaak." "Jy het die krag om lewe te bring deur die Woord van die waarheid." "Hierdie woord het die mag om julle op te bou en om jou te laat deelneem aan die erfdeel van die heiliges." "Ons glo die Woord in ons harte en bely dit met ons monde. Ons sal gered word." n' Gelowige se geloofstelsel moet in die waarheid bevestig wees en in ooreenstemming met die leer van die geloof. Jesus het gesê: "Ek gee aan julle die mag oor al die krag van die vyand."Almal moet versigtig wees hoe hulle hul lewens bou, want die dag van besoeking sal dit aan wys of dit gebou is op die waarheid. "Wie luister na My woorde en dit doen is soos 'n verstandige man wat sy huis gebou op 'n rots. Die vloed het teen daardie huis gekom, maar die huis het vas bly staan." "Gord jou heupe met die waarheid." "Praat die waarheid met mekaar.""Liefde is 'n daad en in waarheid." "Gelukkig is die man wat sy plesier vind in die Woord van God en oordink dit dag en nag."Ons God is Koning vir ewig Amen. Groot is ons God in alles wat Hy doen. Ek sal nooit vergeet hoe ek altyd op die verhoog met baie van die mense gepraat het wat na my geluister het terwyl ek gedoen het wat ek gedroom het. Alles wat ek geleer het in my lewe het gehelp vorm die persoon wat ek vandag is. Al wat ek gedroom het, was aan my gegee voordat ek Christus geken het. Reeds was ek op TV, oor die radio, in koerante, liedjies geskryf, u in bands, deur die land getoer en ook stadions gedeel saam met 'n paar van die beste kunstenaars in Suid-Afrika. Ek het baie om voor dankbaar te wees. Alhoewel ek 'n pad beplan het wat nie goed vir my was nie het God in Sy soewereiniteit my voetstappe gerig. Ek is dankbaar teenoor God vir al die mense deur wie ek geleer het of hulle vyande was, familie, vriende of sakevennote. Nou verstaan ek die Skrif wat sê: "Ons is in Hom uitverkies voor die grondlegging van die wêreld (cosmos- 'n plek)." "God het my bestem om aanneming tot n' kinder van Hom te word deur Jesus Christus." Elke mens is gebore vir God se doel. Die Bybel sê: "Dat ons heilig en sonder gebrek voor Hom in liefde moet wees." Daar is 'n rede vir my geboorte. God se doel en plan is vir almal, wat glo in Jesus Christus as die Seun van God. Daar staan geskrywe dat "Elkeen wat in Hom glo, sal gered word." Ons hemelse Vader het ons lief. God doen alles wat hy doen volgens die raad van sy wil. My wandel met die Here is 'n verhouding wat gebaseer is op wat Hy wil hê. Ek is die ontdekking van wie God is, vir myself. Die leuse van my lewe is om Sy doel te vervul. Die rede waarom ek nie klaar is met my getuie nie, want ek woon in die nou van my wandel met die Here. Ek glo aan vorentoe beweeg in die lewe. "Vergeet wat agter jou is en strek jou uit na wat voor jou is. " Alles wat God vir my gesê het sal ek ontvang in Jesus naam. God het my geseën met soveel talente wat ek nie kan laat

27

vaar nie. Daar is 'n geslag ná my wat moet weet van my wat bestaan het. Die Bybel stel dit selfs "Leer dit aan die volgende geslag ná jou." Iemand moet die werk van die Here verder voer. Ek het uitgevind dat sodra ek besef wat God wil hê, Hy my gebruik. Hy verhef my vir Sy doel. Bevordering kom van die Here. Die manier waarop jy reageer op God is die manier waarop Hy sal reageer op jou. God is geen aannemer van die persoon nie, maar van die geloof. Die regverdige sal uit die geloof lewe en nie deur aanskouing nie."Die evangelie is 'n krag van God tot redding vir elkeen wat glo." Al wat jy nodig het, is om God te glo. Ek is opgewonde vir hoe God my nou gebruik, om die jeug vir sy koninkryk te beïnvloed. "Wat God begin het sal hy voleindig. God het my geroep en Hy het die laaste sê oor my lewe. Hy lei my voetstappe en ek volg. Deesdae is ek nie meer bekkomerd oor sake wat ek in my lewe wat ek mee in aanraaking kom nie. My Vader gee my opsies. Ek gaan waar ek wil en weet waar ek more op eindig. Net omdat iemand aangetrokke tot my is beteken nie dat ek moet aangetrokke tot hulle wees nie. My verhouding met my hemelse Vader is te belangrik vir my. God is 'n jaloerse God. Niks en niemand is meer waardevoller as

28

my God nie. Alles wat ek is en het is van hom. Daar is geen krag groter as syne nie. Hy is die God van die heelal. Geweldig in die stryd. Niks kan my skei van Sy liefde nie. Ek hou van my Vader, want Hy is lief vir my. Ek onderskei mense deur hul karakter in Christus. Mense moenie heerskappy oor ander mense voer nie. Ek maak my eie besluite. God het ons as intelligente rasionele wesens geskaape. Ek weier om te bedel vir enigiets in my lewe ooit weer. My weer aan die genade van mense oor laat nie. Hulle roem waneer hulle jou gehelp het. Daarna vat hulle die heerlikheid vir die feit dat hulle jou gehelp het. As jy nie versigtig is rondom mense nie sal hulle jou laat dink jy is afhanklik van hulle. n' Lewe op die strate van Oudtshoorn, bedel vir geld het my geleer dat as jy aan die genade van mense oorgelaat word, dat hulle met jou kan doen net wat hulle wil. My lewe was in armoede weg van God en geskei van my familie, n' oorsaak van verwerping van hulle kant en myne van verkeerde dinge wat ek gedoen het. Maar God se oë was op my en Sy hand van beskerming oor my. Wanneer 'n persoon op daardie vlak leef is dit moeilik om te praat en te dink oor God, want jy is sonder 'n ware verhouding met

29

God, alhoewel hy na jou luister en jou
help. Wanneer mense my vermaan het oor
ek oortree het, het ek gedink hulle verwerp
my, want ek kon nie hul sorg vir my ontvang
nie. Baie dankie aan gelowiges wat vir my
gebid het. n' Persoon in die strate wil ook na
geluister word. Hulle het ook 'n hart. Elke
persoon het 'n storie. Ek glo dat God
toegelaat het dat sekere dinge moes gebeur
het in my lewe om my te leer dat Hy die
antwoord is. Waar sou ek gewees het as dit
nie was vir die Here nie. My ma en familie
is trots op my. Die goedheid van God bring
mense tot bekering. Die begeerte van my
hart is, dat hierdie boek jou moet help om te
leef in 'n egte verhouding met jou Hemelse
Vader. As God kan wandel met my soos
hierdie, dink net hoe jouwandel kan wees
met Hom. Hy sal jou dinge wys wat jou
verbaas sal laat staan. n' rykdom van vrede
en rustigheid in jou siel. Jy wil net rondom
daardie vrede wees, met geen bekommernis
of angs in jou lewe. Die vrede van God wat
alle verstand te bowe gaan. Hy is in beheer
van my lewe alhoewel dit nie soms so lyk
nie. In daardie tye beoefen ek myself om aan
Hom getrou te wees alhoewel ek nie
verstaan wat aangaan nie. Ek is 'n self
gemotiveerde persoon en soms het ek gevoel

dat ek nodig het om iets aan 'n bepaalde situasie te doen, maar elke keer het ek geleer om te vertrou in Hom en te staan op sy beloftes. "God is geen man dat Hy sou lieg nie." Sy beloftes is ja en amen in Christus deur ons. "Op die regte tyd sal ons die beloftes wat God aan ons beloof het ontvang." My God se beloftes word vervul deur ons in Christus. Sy liefde is vir ewig. Hy is betroubaar. Hy sal jou nooit begewe of verlaat nie. Sy Woord is die waarheid. Die Woord van God is die ewige lewe. God se Woord het alles geskep wat ons sien in die natuur. Alles in die skepping is gehoorsaam aan Sy Woord. Elke Woord wat God praat, word 'n wet in die heelal. Ons is God se hofstelsel in die aarde. Gos se wette. Gelowiges in Christus wandel nie volgens die loop van hierdie wêreld nie. Ons lewens is gebou volgens die patroon van God se Woord. Christus is die hoeksteen. Daar is geskrywe: "Die steen wat die bouers verwerp het, het die hoeksteen geword. "Lewe volgens die patroon wat ons Here Jesus ons gelaat het. Sy voorbeeld van lewe is 'n lewe deur God goedgekeur. Ons doen dit deur die geloof, omdat ons Hom liefhet. God het ons eerste liefgehad, dus hoekom ons lief is vir hom. Hy aanvaar ons

31

in die Geliefde. "Ons is Sy maaksel, geskape in Christus Jesus tot goeie werke wat God voorberei het, sodat ons daarin kan wandel. "Gehoorsaamheid is n' bewys dat ons Hom liefhet. Hy het n'behae in ons gehoorsaamheid aan Sy Woord. Op die oomblik in my wandel met die Here, het ek tot die besef gekom dat dit gaan nie oor my nie. Die Heilige Gees verander my in die beeld van Christus en dit is nie maklik nie, maar ek vertrou God om my te help. Waar ek gaan, gaan Sy doel. Ek weet dus die oorsaak van wat ek deur gaan tydens die skryf van hierdie boek. My doel in Christus trek my. Ek veg die stryd van die geloof. Opstanding in Christus is aan die werk binne hierdie liggaam wat ek het. Vertrou op God is al wat ek het, maar ek het geleer dat God is getrou aan Sy Woord. Ek is veilig in Christus. God leer my om totaal afhanklik van Hom te wees. Hy strek my geloof om te gaan waar ek wil gaan. Sy genade is genoeg vir my. Is die eerste keer in my lewe dat ek 'n boek oor my wandel met die Here skryf. Ek het besluit om my lewe vir Hom ten volle te lewe my volle potensiaal te ontwikkel. Christus het gekom sodat ek die lewe kan hê en het dit in oorvloed. Hierdie tweede helfte van my lewe gaan ek dit alles gee. Bestemming is die tekens vir my. Volgens die skrif moet ons as volwasse gelowiges die dinge wat agter is vergeet en ons uitstrek na die dinge wat voor is. God is 'n God van doel, dit is hoekom daar 'n doel is vir my wat begaaf is. Ek moet Hom heerlikheid gee dus my geskenk aan Hom. Vernuwing van my verstand is belangrik om God se doel te bereik vir Sy roeping. Ons mense het gedaal van 'n koninkryk van heerlikheid. Alles op aarde en in die hemel is verheerlik God, maar ons moet leer deur Christus en ons doel om God te verheerlik doen. God se fokus is mense en die transformasie van ons lewens. Adam en Eva het God se gees gehad, maar toe hulle gesondig het, het hulle van 'n gebied van wysheid geval. Ons is kreatiewe mense. "As iemand in Christus is, is hy 'n nuwe soort skepsel. " Ek kies om te loop in die koninkryk van die bonatuurlike. Wanneer jou gees reg is, kom alles wat uit koers uit is kom in bonatuurlike belyning. Jou lewe styg en val op grond van jou verhoudings. Is tyd om ontslae te raak van giftige verhoudings. As ek terugkyk op my lewe, kan ek sien hoe verhoudings my beïnvloed het in my lewe. Ek is bly vir die genade van God, hy het dit op my pad gesit om my voor te berei. Ek het vriende gehad wat my hulle vriende genome het, maar dit was vir wat hulle uit my uit kon kry. Veral deur my musiek skryf en sing. Hulle gebruik my tot hulle voordeel. Was altyd die een wat die die onderhandelaar en probleemoplosser. Maar God het 'n plan met my vir Sy doel gehad. Was selfs in die hof vir steel, maar met God het ek uitgekom, want my ouma was 'n vrou van God. Skool verlaat toe ek dertien jaar oud was. My ouma het haar broer, wat 'n pastoor was gevra om met my te praat en in 'n sekere sin, sin in my gepraat. Dank die Here dit het gehelp. Deur alles wat ek veroorsaak het waar sou ek beland het. Nou kies ek my vriende versigtig. Ek was selfs in verbale gewelddadige verhoudings, wat regtig my persepsie opgemors het van my identiteit. Die waardes wat ek geleer het as 'n kind wat gebore is in 'n Christelike huis, is vervals. Ook was ek geboelie deur ander seuns en het in 'n sin moed verloor, maar geleer om op te staan vir myself. Ek waardeer die mense wat my ondersteun het in my drome. Ek dank God vir mense soos hulle in my lewe. God is goed vir my. n'Persoon met 'n verkeerde gedagte stel 'n gevaarlike struk en is n' verkeerde invloed wat die duiwel gebruik om 'n kind van God weg van sy / haar geloof in God se Woord weg te lok. Wanedel eerder met vriende wat drome al vervul het wat jy wil vervul. Sommige mense moet agterbly wanneer God jou verhef. Mense het die vermoë om jou te aanvaar waar jy is en nie altyd waarheen jy oppad is nie. God rig ons voetstappe, maar ons kies wat reg is en aanneemlik is vir hom. Hoe verder jy gaan in die lewe, vereis volwassenheid en stabiliteit. Jou geskenk sal jou ver neem, maar dit is jou karakter wat jou daar hou. In my lewe het ek groot werk verrig in die Koninkryk van God, maar mislukking in my karakter het my dié geleenthede laat verloor. My keuses het die uitkomste van my lewe bepaal en sodoende baie mense wat my liefgehad het verloor. Koester die verhoudings in jou lewe veral wanneer hulle liefdevolle mense is. Leer uit die slegte mense en beweeg aan. Wanneer mense jou lewe verlaat, is dit 'n teken dat jy nie kan floreer in daardie verhoudings nie. My lewe sal gelukkiger wees waneer ek terug kry wat ek verllor het in my lewe. Baie mense soek my lewe, maar ek is bly hulle het nie my lewe nie. Ek word in gesigte gewys dat hulle my verwerp, omdat hulle my nie kan beheer

35

nie en hulle vrees die dromer in my. Kompetisies tussen mense is 'n teken van n' identiteits gebrek. Hulle het 'n minderwaardigheid teenoor my. Sulke persone het nie regtig gekom om die hoop van die roeping van God te leer ken nie. Hulle soek aandag deur wat hulle doen. Dus, as gevolg van 'n gebrek aan aandag van ouers en het nooit die bevestiging van hulle liefde vir hulle nie en dat hulle is trots op hulle as die individee iets bereik het nie. Altyd gesê jy, jy is nie 'n goeie mens nie en dat jy dom is, lomp is of nie aantreklik is nie. Maak pret van hulle op die verkeerde manier en altyd verbaal mishandel. Hierdie dinge maak dat jy onseker voel oor jouself. Ma of pa verwerp jou, as gevolg van wat met die moeder / vader gebeur het en nou doen hulle dieselfde aan jou . Ek is bly ek het tyd gehad om te versoen met my pa voor sy dood. Ek het 'n kans gekryom tyd te spandeer saam met hom vir nege jaar en ons het gewerk op dieselfde verhoog. God weet regtig hoe om 'n persoon te herstel. My soeke na bevestiging het gestop. God het my genees van daardie leemte. Ek fokus nou op geestelike behoeftes van ander mense. "God wil met jaloesie, dat Sy Gees in ons moet woon. "As Hy net Christus kan kry in jou, kan Hy binnein jou werk. Ons behoefte is nie geld of dinge nie. Ons moet God life het. Christus maak 'n persoon volledig. Die Bybel sê: "Ons het die volheid in Hom.

"God se volle krag, volle seën, sy geaardheid, sy verstand, sy vermoë, sy oë, sy gehoor, Sy Woord, Sy insig, Sy teenwoordigheid, Sy herstel, Sy genesing, Sy gesag is in ons. Duiwels luister na Sy gesag in ons. Hulle vrees Hom. Alles wat God ooit geskep is saam met God versoen, deur die kruis van Jesus. Die Bybel sê: "Sonde heers nie oor julle nie, want julle is nie onder die wet nie, maar onder die genade. Die wet van Moses het tot veroordeling gelei, maar in Christus is daar vergifnis van sonde. Praat oor 'n super held Vader. Niks kan ons skei van die liefde van God wat daar in Christus Jesus is nie. Gedurende die tydperk van die wet, het die mense gebruik gemaakvan 'n bemiddelaar om te hoor van God, maar nou is dit nie meer nodig nie, want hulle kan nou vrylik met Hom praat. God praat met die mens deur die Heilige Gees. Eenkeer 'n jaar, het die hoëpriester in die tent in gegaan in die heiligdom om sondoffers vir die mense en vir homself geoffer. Soms het 'n priester sterf agter die sluier, wat die binneste voorhof skei van die Allerheiligste . Hulle vel naaktheid moes behoorlik bedek word voordat hulle die Allerheiligste ingegaan. Dank die Here Jesus dat Hy homself geoffer het vir almal vir altyd. Nou sit Hy aan die regterhand van God, om in te tree vir ons. Dus hoekom word 'n mens gered deur geloof en nie deur goeie werke nie. Wanneer 'n persoon reg glo sal hulle reg doen. Die besluit het God behaag om ons te vergeef en aan ons skulde en ongeregtighede nooit meer te dink nie, deur die geloof in Christus Jesus. Die Skrif sê "Ons het die verlossing deur sy bloed, die vergifnis van die misdaade." "Ons is duur gekoop deur die kosbare bloed van Jesus Christus.""Ek lewe nie meer nie, maar Christus lewe in my. "Ons moet leef vir Hom wat vir ons gesterf het. "Wie sy lewe wil behou sal dit verloor, maar elkeen wat sy lewe verloor terwille van my sal dit terugkry. " Die Here Jesus belowe ons dat ons, ons lewens terug sal kry as ons dit lewe vir hom in hierdie wêreld. Ons fokus moet wees om n' heilige lewe te beoefen. Ons moet God tevrede stel vir wat Hy vir ons gedoen het deur onse Here Jesus Christus. Ek kruisig my vlees (wil van die vleeslike geaardheid) daagliks

Ons vlees is vyandig teenoor die dinge van God. jou siel, wil, intellek en emosies moet onderwerp word aan die Woord van God. My vleeslike liggaam. Ek moet my myself op lei in n' heilige wandel volgens die Woord van God met die hulp van die Heilige Gees. Die Bybel sê: "Hulle oorkom deur die bloed van die Lam en deur die woord van hulle getuienis. "Elke negatiewe gedagte sal vernietig word. "Ons is meer as oorwinnaars deur Christus wat ons liefhet. "Alle dinge is moontlik vir ons in Christus. Ons is seuns en dogters van God. Daar staan geskrywe: "Wees navolgers van God. "Dit beteken dat ons moet doen wat Hy gedoen het, insluitend wonderwerke. "Ons is almal gode, seuns van die Allerhoogste. "Ek moet myself altyd herinner aan wat die Here ons geleer het oor Sy eer. Eer aan God in hierdie tyd in my lewe is belangrik, ek weet ek is opgelei vir die noodlot. My fokus is Sy doel nou. Dus die oorsaak vir Sy begeerte vir my nou, tot alles wat Hy het vir my. Christus wil hê dat Sy plek in my hele lewe bevestig word vir Sy doel op aarde. Elke seun / dogter van God sal kom op 'n kruispad, al besluit is voorentoe nie tou opgooi nie. Ek het aan die einde van myself kom. Al wat ek geleer het, sal gebruik word. Die vyand vrees Christus in my, dus hoekom hy my verset om myself nie te bowe te kom nie. Self moet sterf in my. Dus 'n hoër dimensie vir my alhoewel dit bekend lyk. Soos ek vir julle gesê het, het ek dit reeds ontvang, maar saam met die heerlikheid van God. Wie weet wat die bedoeling van God is? Aan wie was Sy arm geopenbaar? In 'n klas by homself. Hy is my ikoon. Wat 'n groot God. Van hier af net Sy liefde vir my en my leifde vir hom sal my hou. Geloof werk deur die liefde vir God. Ek is baie lief vir God. Die einddoel van my geloof is die heiligmaking van my siel. Ons siele is die hoogste waarde vir God. My siel was voor die grondlegging van die wêreld na God se beeld geskape, voordat besmetting plaasgevind het. Dus net God wat die ware my ken. Ek wil die ware ek ken. Ek is siek en sat daarvan om 'n afskrif van my ware self te wees. Die stryd vir ware identiteit is aan. Ek weet ek gaan wen, want ek ken die vals my. Sterf hy sal dit vir 'n goeie doel wees. Die Bybel sê: "Oefen jouself in die godsaligheid." "Goddelikheid is nuttig vir alles. "God verwag dat ek alles in die stryd moet gebruik teen die "Ek" in my. Meer as 'n oorwinnaar in Christus. "Alle dinge is moontlik vir my deur Christus. " Ek vrees geen kwaad nie. God is in my. Vrees vir niemand nie. "Ek het alles wat betrekking tot op die lewe en godsvrug dien. "Ons oë moet wees op die Woord van God. "Die swaard van die Gees is die Woord. "Gebruik die Woord om jou liggaam en siel te reinig. Alles inmy gehoorsaam God se Woord. Ek het geleer om 'n oorwinning in jou lewe te behaal is om te praat en glo die Woord van God. Sy Woord bou jou geloof wanneer jy dit praat met jouself. Ons jubel oor enige situasie in Christus. Onbeperkte hulpbronne beskikbaar vir ons in Christus. Dus in 'n uitgebreide vorm. Ons moet saamstem met wat God sê. Ons woorde word Rhema en niks kan dit stop nie. Alles wat God aan ons gegee het is in die geestelike rehelm. Gebruik die Heilige Gees om te kry wat joune is. Beraam jou toekoms met die Woord van God. Lewe lê in die mag van jou tong. Ons leef in twee wêrelde. n' Natuurlike en 'n geestelike. Jy moet kies watter een jy in lewe lewe, hoewel jy in jou liggaam is. Ek is gees, 'n siel en woon in 'n liggaam. Die liggaam beheer nie vir my nie. Ek is binne hierdie liggaam. Die siel is ek en my liggaam wil dikteer vir my wat ek moet doen. Die duiwel versoek ons deur die fisiese rehelm. Hy skep atmosfeere

om jou te laat glo dus waar, maar ons
oorkom dit deur geestelike onderskeiding en
deur die leiding van die Heilige Gees. Die
karakter van God in ons oorwin enige
situasie of gedrag. Jou gedrag bepaal die
uitkoms van 'n situasie, maak nie saak wat
die situasie is of deur wie dit kom
nie. Luister na die Heilige Gees en volg
Hom. Hy sal jou beskerm teen
gevaar. Wanneer God my iets gee om te
doen weet ek Hy sal my beskerm. Dink net
oor die lewe van Moses. Om te gaan na Faro
en vertel hom God het gesê: "Laat my volk
trek." Moses het gevlug van Egipte af, want
hy het 'n Egiptiese man dood geslaan. Hy
kon sterf, maar hy was gehoorsaam aan die
opdrag van die Here. Ons moet net die
Heilige Gees vra om suksesvol te wees in
die lewe. Die Gees van die Here is die seën
van die Here. Ons is geseënd, want God het
aan vader Abraham belowe dat "In jou
nageslag sal die nasies geseën word. "Ons is
die geseëndes van vader Abraham wat in
Christus is. Die Skrif het vooruit gesien die
wat geseën sou word. Sjoe God is goed vir
ons. Deur Christus onse Here is ons geseën
wat 'n vloek vir ons geword het. "Vervloek
is elkeen wat aan 'n stuk hout hang.
"Volgens die wet was elke sonde wat

gepleeg is vergewe word deur die offer van
'n bok se bloed. Die bok was nodig om
sonder gebrek en vlekkeloos te wees, een
jaar oud en sy bene moet nie gebreek word
nie. Jesus het die wet se offer vervul deur Sy
liggaam te offer. Hy was die enigste Seun
sonder sonde en sy bene is nie gebreek op
die kruis nie. Skrif voorspel oor die Here
Jesus se bene. Die hele Skrif oor die dood
van ons Here was die waarheid en
akkuraat. Niemand in die geskiedenis kon
vervul wat die Here gedoen het nie. God se
Woord se gesag is die hoogste en Sy
waarheid. Die offers wat gedoen moes word
buitekant die laer van die Isrealiete en so is
Jesus gekruisig buite die mure van
Jerusalem. Ons is geëerd om die
teenwoordigheid van God in ons te het. God
bly nie in tempels wat deur mense gemaak is
nie. Die Skrif sê "Ons het hierdie skat in
erdekruike." Dink net wat ons praat. Die
Heilige Gees help ons woorde bereik as in
dit in ooreenstemming met God se Woord
gespreek word en openbaar aan die wêreld
die krag van God. God het ons gekies het
om die duiwel en die gevalle engele te
onderwerp. Hy mislei Adam en Eva van
God af. Hy wil God wees, maar hy weet nou
dat God is die God van die gode. Die Here

Jesus het vir ons gewys oor hoe om die wêreld te verower, sodat ons kan weet wat God ons gegee het.Ons is meer as oorwinnaars deur Christus in hierdie wêreld. God is in beheer oor alles, maar het ons heerskappy oor die aarde gegee om daaroor te heers en regeer as konings in sy koninkryk. Die fokus van ons Vader is die herstel van dit wat ons verloor het in die tuin van Eden. Jesus was nie geïntimideer deur mense of situasies. Hy genees die siekes, kreupeles, blindes, wek die dooies. Onse Here het duiwels uit mense gedryf. Hy is my rolmodel. Hy het wonderwerke oral gedoen. Ware leier van sy tyd en deur my geslag en die toekomstige geslagte. Sy liefde vir mense wat hom gehaat het. Hy was baie lief vir God sodat hy God vertrou het met Sy lewe. Ons lewens was in sy hande. Ons skuld was op hom . Jy kan jouself nie red nie. Gee God Sy hart se begeerte. Werk met die Heilige Gees en kruisig jou vlees en reinig jou siel, met God se Woord. Die Woord van God verklaar "maak dood die werke van die vlees. "Oorkom deur die bloed van Jesus en die woord van ons getuienis. "Dryf die gesindhede uit jou vlees en geestelike aktiwiteite deur die Heilige Gees se karakter. Hulle is vrugte van ongeregtigheid en moet uit gesny word by die wortel deur die Woord van God te glo en te praat. Ons taak is om saam te stem met die Woord van God om heilig te leef. Wees versigtig met wie jy jouself omring as jy 'n wedergebore gelowige in Christus is. "duisternis en lig het nie gemeenskap nie." Vriende wat volwasse is in Christus is goed om mee te meng en ook tyd alleen met die Here te spandeer. Ek het altyd die Bybel in my kamer studeer. My stief pa het soos 'n besetene aanhoudend gesê "jy is altyd met 'n rooi Bybel sak". Hy is 'n lid van die ou apostel vergadering. God wil hê ons moet lewe nie kerk hou nie. Veral nie godsdiens nie. 'n Kerk is 'n gebou waar ons as gelowiges bymekaar kom om 'n Woord van die Here te hoor. Christus het gekom om Sy kerk (God se regering) in die aarde te vestig. Die duiwel laat mense instelings bou deur die onderwysstelsel om mense te leer die Woord van God, maar hulle het geen openbaring van God se Woord nie sonder die Heilige Gees nie. God se Woord is Gees en is lewe. Teoloë bestudeer die geskiedenis van die Bybel en sy goeie, maar die Gees van God gee die openbaarende insig van God se Woord. Menslike kennis kan nie die geheime van die Woord van God openbaar nie. "Die vlees bedink nie die dinge van die Gees nie want hy verstaan dit nie en hy kan ook nie, want geestelike dinge moet geestelik beoordeel word. "Diegene wat onder leiding van die Gees is, is kinders van God. "Ons is een in die Gees, man en vrou. Gees wesens . "Diegene wat behoort aan Christus is een gees met hom. "Sy lewenstyl is geskryf oor hoe ons deur geloof moet lewe. Hy is die outeur en die voleinder van ons geloof. Daar is geen lewe sonder Christus. 'n Mens is net n' bestaande totdat hulle sterf. Die duiwel het wettige toegang tot 'n mens sonder Christus om hom dood te maak, maar as 'n gelowige bid kan dit nie gebeur nie. 'n Mens sonder Christus kan nie die luste van die duiwel onderskei nie, want satan is 'n gees. Die Heilige Gees openbaar sy slingsheid. Heilige Gees is groter as die duiwel. Hy is heilig en satan het die ongeregtigheid. God is 'n verterende vuur. Demone is bang vir God, want Sy teenwoordigheid brand hulle. God se teenwoordigheid verblind 'n demoon. Die duiwel wil ons gedagtes beïnvloed om te kyk of ons nie kan versoek word nie. Dus hoekom gelowiges verander moet word deur die vernuwing van hul gedagtes. Ons moet ons siele skoon maak deur die ewige Gees met die Woord van God. Die duiwel kan jou net herinner aan wat jy was. God vergewe ons, ons skulde deur Christus, onse Here. Ons is dood vir die wêreld volgens Skrif. Ons lewens is nou weggesteek in Christus in God. "Ons weet nie wat ons gaan wees nie, maar ons weet dat ons Hom sal sien soos Hy is." "Elke gelowige wat die geregtigheid doen is regverdig soos Hy is. "Hom wat onreg doen, is nie uit God nie, dit is hoe ons weet wat die kinders van God skei van die kinders van die duiwel. Alles gaan oor eienaarskap. Ons lewens word deur die voorskrifte deur die Gees van God gelei. Ek moet my hart bewaak met alle ywer want daaruit kom die oorspronge van die lewe. Dus belangrik om dinge van die verlede te vergeet en groei in die dinge van God. Om 'n geestelike leier te het is goed om jou te help wanneer jy nie verstaan wat aangaan in jou lewe nie. God kan aan jou openbaar is iets goed is waneer jy glo Hy sal jou wys. Hy is 'n heer. Nooit sal Hy homself dwing op jou nie om iets te doen nie. Ons kies om Hom te gehoorsaam. Jou verantwoordelikheid is om Sy Woord te praat en te glo dat dit die waarheid is of sal gebeur, afhangende van jou behoefte op daardie spesifieke tyd. Ons gedrag moet

wees, ons glo totdat ons sien. "Geloof is die
dinge wat ons hoop, 'n bewys van die dinge
wat ons nie sien nie. Elke negatiewe gedagte
van ervarings van die verlede, moet hanteer
word en 'n besluit moet gemaak word om dit
te vergeet deur die geloof. Die manier
waarop jy jouself sien. Verandering is
belangrik om aan te beweeg in jou lewe.
Sien jouself soos God jou sien. ons beeld is
die Woord van God. die Bybel dui aan dat
"En terwyl ons almal met onbedekte gesig,
aanskou deur 'n spieël die heerlikheid van
die Here, word ons omskep na dieselfde
beeld, van heerlikheid tot heerlikheid, net
soos die Here, die Gees is. "" Maar bewys
julle as daders van die woord en nie net
hoorders wat hulself mislei nie. Want as
iemand 'n hoorder van die woord is en nie 'n
dader nie, dié is soos 'n man wat na sy
natuurlike gesig in 'n spieël kyk, na homself
en gaan weg en dadelik vergeet watter soort
persoon hy was, maar een wat hom verdiep
in die volmaakte wet van God die wet van
die vryheid en bly daarin, nie omdat hy 'n
vergeetagtige hoorder is nie maar 'n
doeltreffende dader. Hierdie man is
gelukkig in wat hy doen. "Die Woord van
God openbaar aan ons as gelowiges wie ons
werklik is. In die wêreld het ek altyd gesoek

vir mense om my te aanvaar en my te verstaan. Op daardie tyd was ek sielkundig op soek na aanvaarding van 'n vader wat ek nie 'n verhouding mee gehad het nie. Die skrif selfs sê ons was soos skaape in die wêreld sonder God. My Vader in die hemel het my 'n kans gegee om hom te vind. Ek het nie God gesoek nie. Hy het my gesoek. n' Pa en seun verhouding is belangrik vir identiteit sodat die seun gevorm word in hom karakter, veral in 'n goddelike wyse. Kinders moet hul ouers as rolmodelle in 'n veilige en gesonde goddelike familie het. God het bestem vir ons dit om so te wees. Lucifer vernietig die familie in die aarde deur Adam en Eva, maar nie in die hemel nie. God se familie is perfek en ons kan leef as goddelike families na Sy model. Ons plek is verseker in die hemel. Daar staan geskrywe dat "Ons sit in hemelse plekke saam met Christus." God se Woord sê dat ons nie moet wonder, maar versigtig wees om te kan bid. "Bid en julle sal ontvang, sodat julle blydskap volkome gemaak kan word. "God is 'n God van orde. Die vyand 'n god van wanorde. A leuen kan gesien word vir wat dit is. "Christus het gekom om die werke van die duiwel te vernietig en om te openbaar dat hy die engel van die dood is." Jesus het gebid: "Vader heilig hulle in u waarheid, want U Woord is die waarheid." "Julle sal die waarheid ken en die waarheid sal julle vrymaak." Ons het net die Heilige Gees en die Woord van God. God bestem ons vir hierdie tyd en bedeling om geskiedenis makers te wees. Ons is ryk ambassadeurs. Ons lewens is Christus. Ek lewe deur die geloof en nie deur aanskouing nie. Ek is wat God sê ek is en ek kan doen wat God sê wat ek kan doen. Die Skrif sê: "Julle is 'n uitverkore geslag, 'n koninklike priesterdom, 'n heilige volk, 'n volk wat vir God as eiendomsvolk uitverkies is, sodat julle kan verkondig die deugde van Hom wat julle uit die duisternis geroep het tot sy wonderbare lig, want julle was duisternis, maar nou is julle die volk van God. Julle het die gawe ontvang uit genade". Genade is gegee op grond van ons geloof in Jesus as die Seun van God. Ons ontvang genade om genade te bewys aan 'n sterwende wêreld. God het ons lief gehad sodat ons die wêreld kan lief het en so word ander op dieselfde wyse uit die luste van die duiwel verlos. Ons broers buite sê die Bybel, wat gaan deur versoekings net soos ons, hulle het nie die Gees van God nie. "Waar die Gees van die Here is, is vryheid. "Die liefde van God verander ons persepsie. 'n Ongelowige se oorsaak is ,hulle glo dat God hulle haat. Hulle wil liefgehê word en aanvaar word. God se liefde moet ons motivering wees om dinge te doen volgens die Woord van God. Ek doen nie God se wil om iets van God te kry nie. My liefde vir God is gegrond op Sy liefde. Hy het vir my gewys deur die lewe van Jesus my Here om hom vir my sondes te laat sterf. Hy is lief vir my. Die Here Jesus het sy lewe afgelê, sodat ons, ons lewens vir ander kan af le om hulle te wen vir Christus. Alles gaan oor Jesus. Dinge gebeur in 'n gelowige se lewe vir 'n rede. God gebruik die ervarings om ons te leer in die dinge van Hom, om ons ware doel aan ons te openbaar. Die vyand verloor die stryd toe Jesus Heilig gesterf het en daarna uit die dood opgestaan het. Die Skrif sê: "Die dood kon Hom nie vas hou nie". "Meer as oorwinnaars in Christus Jesus." "As God vir ons is wie kan teen ons wees." Die stelling beteken dat Hy veg namens my in die Gees. Ek het reeds die oorwinning gekry deur Christus. Jesus oorwin die duiwel en gee ons, ons gesag terug om te regeer op aarde soos hy gedoen het. U en ek het nodig om sy voorbeeld te volg. "Hy is die outeur en die Voleinder van ons geloof. "Ons het die hoop van die heerlikheid (Karakter van God) in ons. Hoe meer van God se karakter ons ontwikkel, kan ons nie aan sekere versoekings toegee nie. Die Bybel selfs sê "Staan die duiwel teë en hy sal vlug. "Verset teen die duiwel is 'n teken van geestelike groei. Hoe meer ons weerstaan hoe sterker word jy. Ek verstaan nou die doel van seisoene in die lewe van 'n gelowige en veral nou in myne. Totdat God se doel beriek is, sal dié seisoen nie verander nie. My lewe is om Sy lewe te leef en sonder my Here en Verlosser, Jesus Christus kan ek niks doen nie. As dit nie was vir hom wat my gekies het om sy lewe te lewe nie, was ek geskei van God vir ewig. Sy liefde vir my verander my persepsie van hoe ek myself sien. My persepsie van myself was, "Ek is nie goed genoeg nie, veral wanneer mense vir my gesê het dat ek nie soos n' man is nie, ek is soos 'n meisie, ek is waardeloos, ek sondige, ek is 'n dief, sal nooit iets beriek in die lewe nie, ek is swak, want my familie is die swakste . "Ek dank God dat Hy sy Seun oor gegee het vir my om my te red van myself. Waardering vloei uit my hart soos ek hierdie boek skryf. My liefde vir God vloei uit sy liefde vir my, deur Jesus Christus. In Christus voel ek aanvaar sonder om bekommerd te wees oor wie my nie aanvaar nie. Daar is vreugde en vrede wat ek ervaar van God terwyl ek Sy goedheid sien in my lewe. Elke dag van my lewe is 'n reis om te lewe om Christus wil. My doel is om God se doel met opset na te kom. Myself te herinner elke dag dat God is lief vir my, aanvaar my, sorg vir my, dink aan my, seen my met voorspoedigheid, genees my, hou my en is opgewonde oor my. Niks in hierdie wêreld is te groot vir hom om te hanteer nie. Hy kan enigiets doen deur ons. Christus het gekom sodat ons die lewe kan hê en het dit in oorvloed in elke area van ons lewens. Ons is sy maaksel geskaape in Christus Jeus soadt ons daarin kan wandel. In my lewe het ek die deure saam met God oop gemaak wat nie moontlik sou wees sonder Sy hulp nie. Hy is regtig ongelooflik en werk in ons en deur ons in pragtige maniere. Ek is 'n unieke individu en het myself lief vir wie God my gemaak het om te wees. Ek aanvaar sy genade, seën, guns, hoop, genesing, wonderwerke, vriendskap, Vaderlike liefde en seun skap. As ek dink oor God en Sy goedheid dan roep ek uit van blydskap . Hy sien altyd die goeie in my. Terwyl ek hierdie boek skryf, in my huidige omstandighede is dit nie gepas nie, maar nog steeds my fokus is Christus. God het hierdie boek in my hart geplaas om 'n nalatenskap vir die volgende generasie te laat na my. Alles wat ek deurgemaak het tot dusver, was om my Godgegewe vermoë uit te oefen tot nou toe. Dankie my Vader in die hemele wat my bewaar het deur elke situasie en Hy het my beskut. My reis deur die lewe het my geleer om te leer uit my ervarings in my dag-tot-dag wandel met God. Ons Vader in die hemel het elkeen van ons 'n talent en gawes gegee om 'n sukses in die lewe te wees. Dus my plig om my lewe te lei tot die volste en te geniet in die Here. My blydskap word bepaal deur myself. God het my alles wat Hy is gegee om my 'n suksesvol te maak en my merk te maak in hierdie wêreld. Ek is vasbeslote om 'n sukses in die lewe te wees, maar ek is geestelik klaar 'n sukses. Ek is vorige jare toe ek nog jonk in die geloof was baie gebruik om te dink dat God sal voorsien deur mense wat ek ken. Daardie was 'n tyd in my lewe toe ek nie geweet het, dat ek God beperk en nie sy beste ervaar vir my lewe nie. Nooit sal ek dit weer doen nie. Ek vertrou God want Hy het my alles gegee en ook ekstra, (Die meer as genoeg). Hy het my geleer deur groot leiers dat, wat ek bepaal is genoeg en Hy bepaal die meer as my genoeg elke keer as ek hom vertrou vir iets. Wonderbaarlik Hy verras my elke keer om my te wys sy trou. Wetende dat God my liefhet word ek soms bekommerd as dit lyk Hy gaan nie deur kom vir my nie. Sy Woord van belofte het ek geweet en erken nog al die tyd, maar sekere tye het ek gewonder nog of met my gedagtes in negatiewe denkpatrone gegaan van twyfel. Ek is nog steeds besig om verkeerde patrone van denke in my gedagtes te verander wat ek geleer het toe ek 'n sondaar was. Die vestings van die vyand is gesetel in my gedagte, as gevolg van jare in die praktyk. Meditasie is 'n deel van my daaglikse wandel met God en ook om in tale te gebid, die Woord te praat (swaard van die Gees) sing lofsange en aanbidding liedjies en ook om te bid hardop in menslike tale. God se manier van lewe is my manier van lewe en ek oefen dit. Ons is gekies in Christus voor die grondlegging van die wêreld om Heilig te wees en te wandel in liefde. Dus nodig vir my om te leef deur die geloof in God se vermoë om my te help met Sy krag. My besluit word afgelei vanuit God se perspektief wat ek geleer het uit ander predikers wat my geleer het en wie se lewe ek volg as 'n voorbeeld. Ons moet almal 'n voorbeeld in die lewe het. Iemand wat ons inspireer om te lewe vir God en ook deur die kennis van die Woord van God te kyk na ons Here Jesus Christus se lewe. In die koninkryk van God is ons 'n familie van gelowiges. Diegene wat in Jesus Christus glo as die Seun van God en wat Sy wil doen. Daar is ook diegene wat ek leer om Sy wil te doen en ook ander wat vir my ook leer om getrou aan God se Woord te wees. Alles wat God sê word 'n wet vir geeste en die skepping om te gehoorsaam. Dink maar aan die gesag wat Hy ons gegee het as die mens. Ons is geskaape na Sy beeld en gelykenis. Die betekenis daarvan is dat ons regverdig, heilig, geestelike, kragtige wesens soos Hy is. Wanneer ons praat moet die skepping luister en gehoorsaam wees aan ons opdragte. Praat die Woord of woorde deur die geloof in Christus se vermoë dan werk dit deur middel van my en die Heilige Gees en die Engele bring die woorde in vervulling. Die Bybel sê dat ons tot alles in staat is deur Christus wat ons die krag gee. Alle dinge is moontlik vir ons as ons glo, maak nie saak wat dit is nie. Dus waarom dit belangrik is om seker te maak in wie en waarin jy glo. Jy kan God se goedheid, beskerming, genesing sluit vir jou

, Sy guns, vergifnis vir jouself deur te glo aan die vyand, jou ou natuur en mense wat verkeerd verstaan van God se Woord. Ek bepaal waar ek gaan beland môre. Dink my uit situasies uit en is my leuse in die lewe met die vertroue in God se vermoë om my te help. Ek kan en sal 'n sukses in die lewe wees, want ek is gefokus op my drome om die Koninkryk van God te bevorder en om 'n verskil in my eie lewe en ander mense se lewens te maak. Die begeerte van my Vader is menslike siele. Hy het gekom om ons te red van die sonde en die krag van die wet van God en die duiwel.Wanneer 'n persoon sondes doen, doen hy of sy sonde teen God volgens die wet van Moses. Die wet van Moses bepaal dat "Diegene wat al hierdie dinge wat in die wet geskrywe staan en dit doen, sal daardeur lewe. "Niemand sal regverdig word deur die wet nie, dit is hoekom God Jesus as ons verlosser gegee het. Jesus vervul die wet van God ter wille van ons, sodat ons wat glo in Hom as die Seuns van God gered kan word. "Al wat die naam van die Here aan roep, sal gered word". Christus het gekom dat ons die lewe kan hê en dit in oorvloed. Ons is meer as oorwinnaars in Christus en ons lewe deur geloof in Hom. Sy gehoorsaamheid aan God is my lot. Ek kan met Sy hulp. Sy bloed het die mag van die sonde en die duiwel in my lewe verwoes. Van dag tot dag word ek van verkeerde gedagte stelle deur die Woord van God vernuwe. Sy Woord spoel my soos water. Die Gees van God gebruik die Woord van God om my hele wese in my alledaagse lewe skoon te maak. God vertrou my afhangend of ek in myself glo, om Sy wil te doen en om Sy Naam te verheerlik. Wanneer ons, ons oë oop maak in die oggend is God opgewonde oor wat Hy in stoor het in die wereld vir ons. Soos een van hart en sin moet ons optree in dieselfde manier. Ons houding moet wees "Wat kan ek vir jou doen Here?". God wil hê ek moet doen wat ek weet volgens my begrip van Sy Woord. Ek is uitverkoop aan God. Hy het my duur gekoop deur die lewe van Jesus om Sy eiendom te verlos. Ons het die Gees van God as versekering tot op die dag van die verlossing van ons liggaamme. Al die eienskappe van Christus is ons s'n en al Sy gesag is in ons. My hoop is dat almal van ons sou kom om God te ken op dié manier en ook om Hom en Sy weë lief te het. As die liggaam van Christus is ons die sout van die aarde, die lig van die wêreld en die lewende Woord. Ons gaan mense en engele oordeel saam met Christus. Dus hoekom God ons neem deur paaie om ons geloof in Christus op te bou. Reg te glo sal ontwikkel om die regte lewenswyse te kweek. Ons leef deur die geloof in die Woord van God en deur dit te doen. Jy glo, jy praat, jy doen en jy word die Woord. Regverdige lewe is word gelei deur reg te glo. Opwinding vul my hart en gedagte wanneer ek dink oor wat God my gegee het deur genade deur geloof in Christus. Alles wat ek nodig het, is in my, ek moet net laat dit uitkom. Die Gees van God het die lewe van God in my om die lewe te leef deur my. My ou lewe is dood en ek is begrawe saam met Christus en ek is wedergebore in die Gees deur Sy opstandingslewe in my. As ek aan iets raak of doen is dit geseënd en dit sal slaag en voorspoedig wees elke keer. Soos ek kan onthou het ek telkemaale vertrou op God vir toiletware en op my verjaarsdag het 'n suster by die kerk vir my 'n Dettol toilet stel as 'n geskenk gegee sonder date k haar gevra het. Dus hoe God voorsien het vir my, bonatuurlik op daardie tydstip. Nog 'n keer het Hy my 'n werk as 'n radio-aanbieder laat kry.Alhoewel ek nie betaal was nie het ek geglo dat dit was my toets van God om te sien as ek die evangelie vir gratis sal

59

verkondig en ek was getrou. Ons het nodig om beproef gevind te word om deur God gebruik te word. Om te lewe vir Christus kos 'n prys. Daar was maande op 'n tyd toe ek moes sonder kos om te eet leef wanneer daar nie was nie want ek het nie gewerk nie en het die Here gedien het in die geloof terwyl ek geestelik groei. Glimlag met mense en die Woord van God geverkondig op 'n leë maag. Onderrig oor geld gegee wanneer ek 'n nodig gehad het. Praat oor geloof toe ek bekommerd gewees het oor probleme by die huis. Het 'n krisis by die huis gehad, maar nog steeds het Bybelstudie klasse aan die heiliges getrou bedien. Besoek van huis tot huis om die Evangelie van Jesus Christus te verkondig en om die Koninkryk van God deur middel van karakter, dissipline en Woord met tekens te toon.Soms moes ek die bekommernis van my familie by die huis verduur, want ek het geen werk gehad en geld was skaars. Terwyl diep in my hart, het ek geweet dat ons Here Jesus gesterf het om my lewe te gee in oorvloed. Die wêreldse stelsel wil hê jy moet werk vir geld, maar in God se Koninkryk leef ons deur geloof en kry die geldeenheid om te saai en maai. Alles gaan nie oor die geld nie, dit gaan oor die geloof in die Woord van God met betrekking tot saai en maai. God eer Sy Woord. Die Heilige Gees gebruik mense in my lewe om voorsiening te maak vir my en ook om te leer uit hulle lewens. Die verhoudings waarin ek was het my gemaak die persoon wat ek is vandag en die mense weet wie hulle is en ek bedank hulle. Ek het geleer hoewel mense niks dink van jou nie, van jou nie hou nie, jaloers is op jou, jou haat, jou verwerp, bid teen jou beplannings om jou te laat struikel in jou wandel met God en te laat val, dat God laat jou nooit allen nie of verlaat jou nooit nie. My God is 'n getroue God. Hy het selfs gemaak dat vyande my dien en my help. Hulle het vriende geword. Ek het die voorreg gehad om te bedien aan jeugdiges en gevangenes by die korrektiewe dienste. Bedien aan verskillende gehore regoor die Suid-Kaap en Wes-Kaap streke. God is werklik goed vir my. Besoek skole, kolleges, stadions, media, televisie, radio uitbreiding. Ek skryf hierdie getuienis met waardering in my hart teenoor God vir die gebruik van my op sulke verskillende maniere en plekke. Al die eer en heerlikheid aan U Vader. My verhouding met God is een met roetes sowel om my te help om my Godgegewe doel te vervul. Alles wat ek deur gegaan het, het my geleer om waaksaam, in vreugde, vreedsaam te lewe met begrip en om volwasse in sekere areas van my lewe fisies en geestelik op te tree. Ek is nog steeds volwasse deur die proses van God. Die Heilige Gees lei my in situasies ten einde vir my om volwasse in die dinge van God te wees en om mense te verstaan. Soos ek verouder het oor die jare het ek tot die besef gekom dat die dinge wat ek gedink het ek nodig het nie meer nodig het nie. Dinge wat ek nie oor omgegee het nie meer omgee en dinge wat ek bekommerd oor was ek nie meer bekommerd is oor nie. Ek het gekom op n' punt om God te ken op 'n intieme vlak in my verhouding met Hom. Ek is seker van my verhouding met God, want ek het Hom in my. Hy is my lewe en ek is bly Hy is in my lewe. Ek luister om Hom te hoor praat in my is die mees ongelooflikeste ding wat ek ervaar. Hy is regtig wonderbaar. Tydens my verblyf op aarde wil ek elke dag met Hom wandel en daarna vir ewig eer. Ek het wonderlike dinge tydens my verblyf op aarde deur my verhouding met God beleef. Hoewel 'n mens foute maak, God is altyd daar om te help om die verkeerde reg te kry. Die lewe gaan oor ervarings wat n' persoon help om te groei. Alles in ons lewens het 'n doel dus hoekom dit gebeur in 'n sekere tydperk. Ek het nodig om hierdie seisoen te voltooi en te leer wat ek moet leer voordat ek kan gaan na die volgende stadium van my lewe. Solank ek glo dat God is lief vir my terwyl ek deur alles gaan sal ek vas staan. God is besig om in ons almal Sy doel te bereik. Ek is so lief vir Hom. Hy trek my nader en nader in my verhouding met Hom, hoe meer ek Hom toelaat om Sy doel in my te vervul. Sy aandag is streng op my 24/7 om my te help om Sy doel te vervul. Ek het nodig om Christus te eer in alles wat ek doen. Hy laat dinge gebeur in ons lewens om ons met volwassenheid help en om Christus te openbaar aan die wêreld. Die hele skepping is in barensnood tot nou toe en wag vir die manifestasie van die kinders van God. God wil Sy karakter openbaar deur my in die aarde. Die aarde behoort aan die mens en dus vir ons om Sy Woord te verkondig tot Sy heerlikheid aan die geeste in die wêreld. Sy heerlikheid moet gesien word in ons en Manifesteer deur ons. Hy het ons alles geskenk wat tot die lewe en godsvrug dien. Al wat jy hoef te doen is om te verklaar wat jy wil hê in die lewe. Die Skrif sê dat ons sal kry wat ons sê as jy nie twyfel in jou hart nie. Die Koninkryk van God is binne-in my om Sy goedheid en guns te verkondig, wat Hy aan ons gegee het deur Jesus Christus. Ons moet ons geloof uit oefen wat God aan ons gegee het. God het elkeen van ons 'n mate van geloof gegee. As jy hoop vir iets is dit 'n aanduiding dat jy geloof het. Jy het die Heilige Gees om jou te help met enigiets.Gebruik die gawe van die Heilige Gees. Die naam van Jesus aan ons gegee is om suksesvol te wees in ons lewens op aarde. Ek is 'n koning maar my Here is die Koning van my. Ek is 'n leermeester maar Hy is my Leermeester. Ek is 'n god. n' Seun van die Almagtige. Hy is my God en Vader van onse Here Jesus Christus. Hy is die Alfa en die Omega, die begin en die einde. Alwetend, al kragtige, al voldoende en getroue God. Hy kan nie lieg nie. Sy getrouheid aan Sy Woord is waar. Alles is opgesluit in God se Woord, waarmee Hy die wêrelde geskep het. Daar is nie nog so een soos Hy in die heelal nie. Selfs ek is 'n ontwerpers oorspronklike. Daar is niemand wat lyk soos ek nie, het my DNA nie, my glimlag nie, my persoonlikheid of intelligensie nie. Gekies in Hom om groot dinge in my leeftyd te bereik om 'n nalatenskap te laat vir diegene na my om

God se doel in die aarde te vervul. Die
Bybel verklaar dat daar 'n tyd gaan aan
breek wanneer al die nasies God sal dien.
God se Koninkryk is die enigste Koninkryk
wat staan en ons sal as konings ewig saam
met Hom heers nou al op die aarde. God is
in staat om jou te gebruik vir Sy glorie, want
dit is wat Hy vantevore verordineer het
vooraf in Sy raads belsuit na sy
welbehae. Ons is in die geliefde
aanvaar. Gebring uit die duisternis na die
Koninkryk van Sy Seun. Van die duisternis
tot die lig. Hy is lig en in Hom is daar geen
duisternis nie. Hy versoen my met Homself
in Christus deur vrede te maak met die kruis
van Jesus. Die toorn van God is versadig
deur die bloed van Jesus. Christus is die
einde van die wet van Moses in ons. Ek is
ewig vergewe vir die verlede, hede en
toekomstige sondes. God het geweet dat ons
'n Verlosser sou nodig kry om ons te verlos
van sonde. Ons is losgekoop van die vloek
van die wet en dit is kos die krag van die
Heilige Gees om ons dood te maak. Ek het
die wet van die Gees van God van
vryheid. Wie deur die Seun bevry is, is
inderdaad vry. Ons word gered uit genade
deur die geloof. Deur Christus het ons
geword die geregtigheid van God. Christus

het ook die krag en wysheid van God vir ons geword. Die verbond van ouds wat God aan ons voorvaders Abraham gemaak het was deur die geloof en is vervul in Christus. Satan is gestroop van alle mag deur die kruis van Christus. Ons is geroep om in die lewe te heers oor elke situasie. Al wat die duiwel kan doen is lieg vir jou. Die grootste instrument wat die viand kan gebruik teen ons is onkunde. Hy kan niks doen aan ons, want ons sit in die hemelse plekke ver bo elke owerheid en mag in die hemele van die bose geeste. Duisternis en lig het geen gemeenskap. Adam het sy heerskappy weg gegee vir die Satan: maar Jesus het gekom en dit weer terug gegee na ons. Al wat ons moet doen is om te oefen om ons gesag uit te oefen. Ons moet besef wat God aan ons gegee het deur ons geloof in Jesus Christus as die Seun van God. Jesus die Seun van God was in n' menslike vorm en dit is hoe God sy liefde aan die wêreld uitgebeeld het deur te sterf vir hul sondes. Sy krag is nou in ons, in ons as erdekruike (liggame). Niks is onmoontlik vir ons as gevolg van wie God is in ons lewens nie. Hy het Sy krag in my geopenbaar deur die wonderwerke wat hy deur my gedoen het. Ek glo sonder enige twyfel dat ons liefdevolle Vader wil Sy karakter wys deur ons vir die geeste in die wêreld. Wanneer God geopenbaar word in jou en my, sal duiwels sidder en gehoorsaam hulle ons. Ons moet neerlê die eienskappe van ons ou vader (die duiwel) en God se eienskappe op tel. Is ons Hemelse Vader nie wonderlik nie. Ons behoefte aan aardse dinge verdwyn, want ons weet alles behoort aan ons en ons kan net noem wat ons wil hê. Die lewe van 'n kind van God is reeds bestem en is deur God bepaal, maar nog steeds het jy die keuse van vrye wil om te kies om Sy wil te doen in situasies wat op jou pad van dag tot dag kom. Ons moet leef op 'n daaglikse basis vir die doel van ons hemelse Vader. Ons verhouding met Christus moet vervul word. Die Koninkryk van God is nie spys en drank nie, maar geregtigheid en vrede en blydskap in die Heilige Gees. Die Koninkryk van God is anders as die koninkryk van die duisternis. Ons is in 'n verpligting teenoor onsself en God om ons gedagtes te vernuwe met die Woord van God. Ons denke is 'n normale gedrag en dus die rede waarom ons moet seker maak dat ons gedagtes in lyn is met God se Woord . Wat jy nodig is, is om jou denke te vernuwe en te dink soos God en geniet alles wat Hy het om aan julle te gegee deur Christus. Die duiwel sal jou verlede gebruik om jou te herinner aan die dood maar jy is in beheer afhangende van jou reaksie tot dit om jou geestelike groei te bevoder. God moet ons volwasse kry vir sy werk. Jou keuses sal jou vlak van volwassenheid bepaal. Volwassenheid word gemeet volgens 'n persoon se besluitnemings. Jou lot word bepaal deur die besluite wat jy maak deur jou lewe op aarde. Jou doel is God se besigheid, maar jy moet jou gedagtes in ooreenstemming bring met Sy doel. Jy is beslis geroep vir 'n doel op aarde en was dit nie so nie, sou jy dood gewees het nou. Moet nie net bestaan op aarde nie. Wat gaan mense onthou nadat jy weg is? Jy't nodig om 'n nalaatenskap te laat vir die volgende generasie wat kom na jou. Volg jou drome wat jy het in jou hart. Daar is 'n rede vir jou op die manier waarop jy dink. Dus nie 'n sonde om te wil dinge hê nie. Die Bybel leer ons om nie die dinge van jou naaste te begeer nie, maar jou eie. God wil nie hê dat 'n persoon 'n gebrek in hul lewens het nie. Jy moet ryk in alles wees. Ons het 'n gebrek in die een of ander erea, insluitend ons finansies. Rykdom is geestelik en finansies is een van die norme hoe ons leef op aarde. Ons is geestelike wesens en die behoefte om 'n verhouding met ons Vader in die hemel te het, want jy is 'n geestelike wese geskaape. Die Skrif sê in Hom lewe ons, beweeg ons en het ons, onse betaan. Mind you, wanneer jy iets praat sonder dat jy weet wat jy praat en na 'n ruk sien jy dieselfde ding wat jy genome het gebeur, dan sê jy ek het vir julle gesê dit gaan gebeur. Dit is belangrik om te dink oor wat ons dink, want ons gedagtes vorm ons woorde. Alles begin met die gedagtes wat jy dink. Wat jy dink glo jy en dan praat jy dit. Toe ek begin om God se Woord te bestudeer, het ek besef dat ek nie 'n slagoffer van omstandighede is nie. Ek skep my wêreld met my woorde, want ek leef uit my gees. Ek is tot alles in staat deur Christus wat my diekrag gee. Net soos ons Here Jesus geleef het, kan ek dieselfde doen. Ek oorkom die wêreld stelsel deur die geloof in Christus. Niks kan my stop of verhinder my nie. Die duiwel is verslaan en die dood is oorwin. Al wat Satan kan doen, is om die leuen aan ons oor te dra van wat God gesê het Hy het ons in Christus gegee. Christus het vir ons oorwinning oor die viand gegee oor ons sondige natuur en die wêreld stelsels. Die wereld stelsel bedryf volgens die invloede van Satan se doel. Ons beweeg in God se doel. Dus ons verantwoordelikheid om God se Woord te glo en dit te doen, as ons wil slaag in ons daaglikse lewens. Ek weier om die duiwel se leuens te glo deur mense, omstandighede en my ou natuur. Ons het gesterf van ons ou natuur, sonde en die wêreld. Ons is deelgenote van die Goddelike natuur. Die lewe van God is in ons waarmee Hy die wêreld tot stand gebring het. God het 'n antwoord vir alles in sy Woord. Seuns en dogters van God moet nie onkundig wees nie. Ons taak is om te heers in hierdie wêreld in die tyd waarin ons leef. Soms gaan ons deur dinge, want God wil hê ons moet onsself oefen in hierdie wêreld, om te getuig van Sy karakter. Christus is die afskynsel van die beeld van God en dit is hoekom God ons geroep het. Satan wil hê dat ons sy beeld wat in ons ou sondige natuur is uit leef. God se gesindheid geopenbaar deur Jesus Christus. Dit is nie maklik nie, maar ons kan dit doen deur die Gees en met die hulp van Christus, wat die hoop van God se heerlikheid in ons is. Die Heilige Gees se taak is om ons ou karakter te verander in God se karakter. Ons Vader se doel moet vervul word vir ons om vervulde lewens te leef. In die begin staan daar geskryf in die

boek van Genesis " en God het die hemel en
die aarde en alles wat daarin is
geskaape. Ons hoef nie bekommerd te wees
oor ons daaglikse behoeftes nie, want Hy het
voorsien. Jy kan noem wat jy nodig het as
dit jou begeerte is. Die gawe van die Heilige
Gees is gegee deur God om ons te help met
alles wat ons nodig sou kry op hierdie
aarde. Onder die ou verbond het mense na
God deur 'n bemiddelaar gepraat,
byvoorbeeld Moses. Nou God het ons die
voorreg om 'n verhouding met Hom deur
onse Here Jesus Christus gegee. Ons het nog
'n bemiddelaar, maar daar is 'n verskil, want
Christus is in ons en wanneer ons bid, bid
ons in Jesus naam. Hy het die volle prys vir
ons, ons sondes betaal en die straf op Hom
geneem sdat ons direk kan gaan na God
sonder vrees. Satan het ons verhouding met
God deur die ongehoorsaamheid van Adam
geskei, maar Jesus het gekom om ons
verhouding te herstel met Hom. Net soos
Adam gewandel het met God in die koelte
van die aand, so ook op dieselfde manier
kan ons wandel met hom nou terwyl Hy in
ons is. Elke area van ons lewens sal herstel
word tot op die dag van Christus. Al wat
God van ons wil hê, is om te fokus op Sy
doel vir ons lewens om Sy belofte wat Hy

aan die vaders beloof het te bereik. God weggesteek in Christus versoen die wêreld (kosmos) met Homself. Sonde het ons geskei van God en ook die skepping. Die gesag oor die skepping wat ons gehad het, het ons verloor, as gevolg van die sonde. Ons gaan in 'n gebied van heerskappy wanneer ons Jesus glo as die Seun van God. Hy is die Here van almal. Die Bybel sê: "Alle dinge het deur Hom, vir hom en was tot Hom geskaape. "Geestelike wesens met God se natuur is ons identiteit. Skepping is onder ons onderdanigheid. Dus hoekom het dinge wat nie manifesteer het nie begin te bestaan het in ons lewens, wanneer ons praat uit die geloof. Ons lewens is Christus, wat beteken dus die manier waarop Hy op aarde geleef het. Ek het dit besef deur goeie onderwysers en myself begin oefen in die dinge van God. Gedurende daardie tyd, terwyl ek geoefen het God my gebruik in verskillende roetes en deur verdrukkinge my uithouvermoë getoets en my bevestig in die gesag van sy Woord. Aanvanklik lyk dit onmoontlik, maar na 'n rukkie het dit begin manifesteer in my lewe en toe ek dit kry was ek baie opgewonde. Toe ek 'n paar mense daaroor gesê het, het hulle my vreemd aan gekyken het nie verstaan nie en gedink date k spog en nog nie leef soos dit nie. Daarna het ek geleer dat nie almal is soos ek nie en toe begin ek die keuse maak met wie om my ervarings mee te deel, want mense het begin om my te verwerp, jaloers op my te word vir wat God doen deur my. My getuienis was vir ongelowiges, want hulle is die mense wat God in hul lewens nodig het. Deesdae gee ek nie om wat mense dink nie of sê oor my nie. Ek verstaan my lewe is nie my eie nie en ek is geroep om God te behaag. Ek het n' begrip van waar ek is en wie ek is, ek is vry om myself te wees en maak my eie keuses volgens God se Woord. Toe ek groot word het, het ek laat mense altyd vir my besluite neem , want ek was nog onvolwasse om te besluit vir myself wanneer dit kom by situasies in die lewe of volgens slegte keuses wat ek gemaak het. Ek moes leer om verantwoordelikheid vir my aksies te neem. Dade praat harder as woorde. God se optrede teenoor ons wys vir ons dat Hy ons liefhet en is getrou aan Sy beloftes. Hy sal jou nooit verlaat nie. Baie keer in my lewe was ek toegesluit deur die polisie vir die feit dat ek onder die invloed van alcohol was, maar gedurende daardie tye het God my altyd beskerm teen vyandige mense met wie ek myself omring het. Hy

73

bewys Sy liefde vir my in daardie tye waarom nie nou nie. Ek glo dat Hy is lief vir my onvoorwaardelik. Ek het geleer dat Hy toon sy liefde tydens die situasies van die lewe wat ons in die gesig staar van dag tot dag. Ek het nodig gehad om hierdie ervarings te ervaar om 'n seën vir iemand anders wat dalk gaan deur sulke probleme te wees. Probleme wat voorkom in 'n gelowige se lew gebeur nie nienet nie. God het 'n plan en 'n doel met daardie situasies en hoe gouer jy uitvind wat dit is Hy wil doen hoe vinniger sal dit begin kom in belyning vir jou om daardie spesifieke situasie of probleem te oorwin. Ons moet God se karakter besit teenoor mekaar oral waar ons gaan en teenoor almal wat ons ontmoet openbaar. Dus my plig om my Vader se wil te doen. Dus die rede dat God my geroep het en ek verloor my lewe dag na dag vir Sy doel. Christus het Sy lewe vir my afgelê. Ek sal eerder my lewe afle vir God en dit terug kry wanneer die tyd reg is vir Christus om deur myself te laat manifesteer. God ken die ek wat ek nie ken nie. Ek kon nog nooit gedink het dat daar 'n ander ek kan wees nie. Hierdie geloofs oortuigings was oorsaak deur die duiwel se slingsheid en deur die manier wat ek geleef het. My ou lewe is die instrument wat satan gebruik om my van wie ek is, deur mense, herinneringe, situasies en omstandighede te herinner. Dus waarom ek besluit het om verhoudings van my verlede wat nie wedergebore is nie te verlaat. Onse Vader wat in die hemel is gebruik Sy Woord om ons te genereer. Die bloed en die Woord is dieselfde. Ek het 'n nuwe bloedlyn. Die Bybel sê toe Jesus opgehang is aan die kruis het die soldaat 'n spies geneem en Hom gesteek in sy kant en uit daardie wond het bloed en water gevloei. Geen wonder dat die Bybel sê dat die Woord van God is soos water wat die siel reinig nie. Ons is wedergebore nie uit verganklike saad nie, maar deur onverganklike saad van die ewigheid lewende Woord van God. Al wat ons nodig het, is die Woord van God teen die satan. Die Woord van God gee vir ons bonatuurlike krag teen satan en sy leër. Ek dink tog dat toe ek jonk was in die geloof, daar sekere take was wat ek nie kon uit voer nie, soos die bestuur van die salwing om duiwels uit te dryf. n' Oorsaak van onvolwassenheid. Onvolwassenheid beteken n' kinderlikheid in jou karakter en God se karakter is nog nie in manifestasie om 'n sekere doel te bereik nie. Deur my reis het

75

ek het op 'n paar ongewone dinge wat gebeur het afgekom. Toe ek in George stad was met broers in Christus, het ons 'n ontmoeting gehad met 'n vrou wat onder die invloed van 'n alkohol demon was. Vir die eerste keer in my lewe het ek die manifestasie van 'n demoon in 'n menslike liggaam aanskou. Die vrou het geskree en omdraai om haar kop te kry na die oop deur. Ek dink sy wou ontsnap. Haar oë was geel en dit het gelyk sy verwurg, en dit veroorsaak dat haar nek geswel was en sy nie kon asem kry nie en sy kon nie kyk in die oë van my broer nie en dit was die rede dat sy haar kop van links na regs gedraai het. Een van die broers het gesê ons moet begin om in ons hemelse tale te bid om die duiwel te verwar. Die gees begin toe manifesteer toe ons in tale gebid. Dus 'n ervaring wat ek nie sal vergeet nie. Daarna het ek gehoor dat die vrou begin het om winde vry te stel deur haar mond en my broer het gese die duiwel is besig haar te verlaat. Nadat ons klaar was toe kon sy nie onthou wat met haar gebeur het nie. Daardie ondervinding het my laat glo in duiwelbesetenheid en die gesag wat ons het oor hulle in Christus Jesus. Christus het die duiwel en sy gevalle engele reeds

verslaan. Al die gevalle engele is geskep
deur God die Vader, maar mislei deur Satan
se leuens. Hy is n' leunaar van die begin af
en is die vader van die leuen. Ons sal die
verskil tussen die kinders van God en die
wêreld deur hul karakter leer ken. Dinge is
reeds op daardie vlak van die lewe dat
mense nie omgee oor Christus se kruisiging
nie. Hulle blameer ons as gevolg van ons
foutiewe maniere oor hoeons lewe voor
hulle waneer ons onder hulle is. God gebruik
ons lewens as portrette van Sy karakter. Ons
fokus moet wees om God te behaag in
hierdie verband, want dit is Sy doel. Die
Bybel sê dat "die hele skepping wag in
reikhalsende verwagting op die
openbaarmaking van die kinders van God".
Ware gesag oor die sonde, die wêreld en die
stelsels en die vlees gebeur deur die
heerskappy van Christus in ons. Ons siele
moet gereinig word deur God se Gees deur
die Woord. Die Woord van God sê en die
Woord het vlees geword. Ons het Sy
heerlikheid, vol genade en waarheid
gesien. Die Woord van God is nie swaar nie,
ons moet net glodeur die aanhoor van die
Woord. Ek praat die Woord met myself, om
my menslike gees op te wek. Net God se
Woord het die mag om ons te verlos

wanneer ons onder diensbaarheid gebring word. Gaan voortdurend deur Sy Woord vir leiding en elke boodskap wat na julle kom en selfs wat jy dink te toets in ooreenstemming met Sy Woord. Die Woord is die standaard wat ons deur moet leef. My siel moet die verfrissende krag van die Woord van God ervaar. Daar staan geskrywe dat "wat baat dit 'n mens om die wêreld te wen, maar verloor sy siel. Ons siele is uniek. n'Menslike siel sal wees op die mark gedurende die verdrukkinde eeu wat kom. Jou siel is 'n kommoditeit is dus spesiaal vir jou en God. Die siel huisves die bloudruk van jou lewe, wat God deur julle doen op hierdie planeet. Dus hoekom ons die Heilige Gees nodig het om aan ons te openbaar wat God in stoor het vir ons, wat Hy vantevore verordineer het voor die grondlegging van die wêreld. Ons moet afgesonder gestel word vir God, om gebruik te word deur hom om Sy doel op aarde te bereik deur middel van ons. God se oorspronklike plan was so en is nog altyd so om wat deurmekaar was in die begin deur die duiwel deur Adam en Eva te herstel, maar nou sal Hy dit herstel deur Christus in ons. Ons sal voldoen aan die beeld van sy Seun. Adam verloor die beeld van God deur

ongehoorsaamheid en deur nie gehoor te gee
aan die bevel van God, om nie te eet van die
vrug van die boom van kennis van goed en
kwaad nie. Klink dit nie bekend nie? Klink
baie soos ek en jy wanneer ons aan God
ongehoorsaam is. God praat met ons deur
verskillende maniere. Ek ontdek dit deur my
wandel met Hom.Hy kies die maniere
waardeur Hy himself wil openbaar in ons
daaglikse lewe. Ons lewens in Christus is 'n
reis om meer oor die persoon van Jesus
Christus te leer. Adam het die
persoonlikheid van God gehad. Jesus het die
persoonlikheid van God gehad. Ons het die
persoonlikheid van God. Ons is duur
gekoop met die lewe van Jesus om dit te leef
vir God. Dus hoekom ons nodig het om die
Woord van God te lees in die lig van die
evangelie van Jesus Christus. Christus in ons
is die vervulling van die beloftes van die ou
verbond. God het vir ons alles wat ons nodig
het oorwin in enige situasie wat op ons pad
gaan kom. Statistiek wys vir ons dat ons dit
nie kan maak sonder geld nie. Dus 'n
leuen. God het vir ons die vermoë gegee om
welvaart te genereer. Die aarde is ons
s'n. Geld is mens gemaak. Skep welvaart
volgens die belofte wat aan Israel gegee
is. Ons siele kom uit die stof om iets te

skep. Jou woorde deur 'n openbaring gepraat deur die Gees van God sal impak in die wêreldse sisteem maak. Ons is nie gebonde nie soos die ongelowiges nie, onderhewig aan die natuurlike wette nie, maar ons is onder die volmaakte wet van die vryheid in Christus Jesus. Ons Here het op die aarde deur die geloof in God se Woord gepraat en dit het gebeur. Christus het woorde van genesing, voorsiening, herstel, lewe en verlossing gespreek. Ons werk is om geloof gevulde woorde te spreek om ander mense te bewys sodat hulle kan glo in God se vermoë om te help en hulle te red. God is lief vir mense en ons moet ook life vir mense wees. Ons liefde vir hulle help hulle om te glo in God, want hulle sien Hom in ons. Mense moet die liefde sien nie net gehoor nie. Jesus het Sy lewe vir almal op die aarde gegee en selfs vir die versoening met God vir alle mense wat glo in Hom. Lewe vir ons Vader in alles. Die Gees van God is die mees kragtigste krag in die heelal. Ons moet die Heilige Gees volg om ander mense te help, dus hoekom dit belangrik is om Sy weë te verstaan en ook nederig genoeg te wees om te leer van Hom en ons foute wat ons gemaak het toe ons Hom ongehoorsaam was te belie en te verander. Hy is die heilige teenwoordigheid en die geregtigheid van God in ons. Die kreatiewe krag van God in ons. Ek kan niks kortkom as Christus in my is nie. Na aanleiding van die weë van God sal 'n individu gebring word om hul doel in Christus te beriek. God se doel is Sy karakter en die model wat Hy gebruik is die lewe van Jesus. Ons moet almal 'n rolmodel het wat vir ons wys hoe om dit te doen. Mense maak foute, maar Jesus het nie. Dus hoekom Hy ons kan help wanneer ons swak is, ontmoedig is, arm is, siek is en seergemaak is. , Want hy het dit self ervaar deur die liggaam van sy vlees. As dit moontlik was vir Hom is dit moontlik vir ons. Volgens Hom is ons doel dat ons nodig het om Hom te volg om ons doel te vervul in ons daaglikse lewe. God kan ondeurgrondelike dinge doen deur 'n mens wat hierdie konsep verstaan. Ons leiding kom van die Heilige Gees en deur die lees van en God se Woord te bestudeer. Sy Woord is lewend en wanneer dit gemeng word met geloof kan jy groot skade aan satan se koninkryk doen. Die stelsels van satan bedryf ons wêreld vandag deur mense wat ongehoorsaam is aan God en wat nie Sy Gees het nie. Die gees van die antichris geopenbaar deur ongehoorsaamheid en die Gees van Christus deur gehoorsaamheid. Ons het die Gees van aanneming tot kinders van God en Hy roep uit: Abba, wat Vader beteken. Die Heilige Gees bid deur ons wanneer ons bid of vergeet om te bid. Ons weet nie altyd hoe om te bid nie, maar die Gees sal vir ons intree volgens sy besluit. Ek moet Sy doel vir my lewe volg en aanvaar om werklik suksesvol te wees in die lewe. Sukses kan nie gemeet word net om geld te besit nie.Geld is die norm waarmee mense woon op die planeet. Ek is nie onderworpe aan daardie norm nie, wat beteken dat ek nie gebind is deur dit nie. God het my wysheid gegee om myself te help wanneer ek geld nodig het. Ek kan dit skep deur 'n besigheid konsep wat ek implementeer. Ons moet verstandig wees in hierdie verkeerde geslag. Ons is die lig van die heerlikheid van God en ons skyn in hierdie wêreld, dus hoekom mense na ons kyk. Die manier waarop ons optree in enige poging is wat sondaars sien en wat hulle trek na Christus. Ons gehoorsaamheid aan God bepaal of hulle glo in God. Satan wil ons vernietig deur die leuen aan ons om ons te laat verkeerde besluite maak. Ons het gesterf volgens die weë van hierdie wêreld, ons vlees en ons duiwelse geaardheid wat ons gehad het voordat ons na God toe gekom het. Niks sal op enige manier ons verhinder nie as ons nie toelaat dat di tons beinvloed nie. Die duiwel moet ons toestemming kry om in ons lewens te kom. Ek sit in die hemele ver bo elke mag en gesag en die kragte van die bose geeste. Niks kan ons skei van die liefde van God nie.God se lewe in ons is ons beskerming en met die hulp van Sy engele sal ons altyd 'n sukses wees. Hy wil hê ons moet 'n sukses in alles soos bv. die huwelik, persoonlike lewens, emosionele lewens, geestelike lewens, sielkundig, families, finansieel en volwassenheid wees. God is lief oor alles van my. Ek is lief vir myself om te weet dat God my geroep het om my te gebruik vir Sy glorie en nie myne nie. Wanneer Hy my lug ,lug HY my tot Sy eer. Hy doen dit vir sy Naam ontwil. Hy regeer deur my op hierdie planeet om aan die duiwel te wys dat jy 'n verloorder is. Die duiwel is oorwin deur Christus namens ons. Ons is meer as oorwinnaars deur hom wat ons eerste life gehad het. Hoe meer ons, ons denke met God se Woord vernuwe, sal ons soos Hy word. Ons lewens word bepaal deur ons besluite wat ons neem wanneer ons gekonfronteer word met teenstanders. Jou besluite bepaal jou toekoms. Ek bepaal waar ek beland môre. Alles wat ek doen is afkomstig van die gedagtes wat ek dink. My blydskap word bepaal deur my en nie deur die optrede en gedrag van mense nie. Ons moet onsself lief genoeg het om te weet dat God is lief vir jou om jou te laat soos jy was. Hy het groot dinge in die wereld in stoor vir ons. Ons karakter sal ons hou in die posisies waar God ons plaas. Dus hoekom Hy fokus op ons gedrag om te sien hoe ver ons in ons begrip van Hom gegroei het. Christus het gekom dat ons lewe kan hê en dit in oorvloed. Die lewe is God se lewe in ons word deur ons gemanifesteer in ons karakter. Wanneer Sy karakter ons ou karakter hernu word ons werklik vry van verkeerde gedagte stelle en gedragspatrone. Ons het die volheid in Christus terwyl God in ons werk om Sy doel te vervul. Ons karakter sal verander na Sy beeld. Abba Vader se toetrede tot ons. Solank as wat ons onderwerp is tot die wil om God se wil te volbring in ons en deur ons sal ons in oorwinning leef. Verandering begin van die binnekant van die menslike gees. Ons menslike geeste is besmet en is deur die sonde en die alledaagse dinge in hierdie

wêreld gebombardeer deur mense deur
sataniese invloede. Ons plig is om ons
vleeslike natuur na God se wil en doel,
onderworpe vir ons lewens te maak. Om Gd
te dien dien is 'n houding. Jou gesindheid
bepaal hoe ver jy kan gaan in jou lewe. Ons
verstand vernuwe help ons om die leuen te
sien van die satan. Diegene wat die
ongeregtigheid doen, is van die antichris en
diegene wat die geregtigheid doen, is van
God. God weet wie syne is. God laat Hom
bespot nie. Wat 'n mens saai, dit sal hy
maai. Ons maak 'n keuse en daarna vind ons
uit by die eindresultaat as ons keuses
verkeerd was. Dit gebeur gewoonlik
wanneer ons nie wil advies neem van mense
wat weet wat hulle praat nie. God plaas
sekere mense in ons lewens vir 'n rede. Niks
in jou lewe sal net gebeur nie. Die besluite
wat jy maak bepaal waar jy gaan op eindig
môre. Ek is seker van wat ek wil he in my
lewe voordat ek sterwe in die vlees na my
Goddelike opdrag verby is. Mense is daar
vir 'n rede in jou lewe, want God het die
mense gebruik om my aan te moedig, te lug
en te bemagtig deur my wandel met
God. Soms is die mense wat ons ontmoet nie
altyd wat ons wil hê hulle moet wees nie,
maar ons moet leer om te aanvaar en te

verstaan. Almal het swakhede, n' oorsaak van die gevolg van sonde. Ons kan nie aanhou soek aan mense of dinge wat met ons gebeur om te blameer nie, net omdat die lewe nie maklik is nie. Niemand het ons belowe dat die lewe sou maklik wees nie. Hierdie wêreld vergaan. God het 'n nuwe aarde en 'n nuwe hemel vir ons. N' Persoon kan die lewe slegs ontvang deur die geloof in Christus en Sy wil te doen. Ons lewe moet Sy lewe word. Die koninkryk van God is in ons. Moraliteit is gedemoraliseer deur seksuele praktyke, lastering, leuns aan ander, steel, vloek, haat, jaloesie van ander se vooruitgang, onvergewensgesindheid, ondeug, trots van hart, hoogmoedig, spot, beledig, onheilige, liefdeloos, onversoenbare soos in die dae van Sodom en Gomorra. Ons leef in die eindtyd en elke generasie is erger as die volgende in hul gedrag. Hulle is vyandig teenoor God en Sy weë. Hierdie mense wil nie God se gesag respekteer. Opstandige volk en wil nie aan Geestelike gesag of enige gesag hulle onderwerp nie. Hulle doen wat hulle wil, sonder berou. Hierdie mense is maklik beïnvloedbaar deur eksterne demoniese magte wat agter situasies en houdings van ander skuil. Mense wat loop deur die voorskrifte van hulle vlees en nie deur God se Gees nie. Wat jy nodig het is om gebore te word van God en geïdentifiseer te word as God se uitverkore. Diegene wat onder leiding van die Gees van God is, is die seuns en dogters van God. n' Verhouding met die Gees van God is belangrik as 'n gelowige wil 'n oorwinnende lewe in Christus Jesus leef. Ons leer ons ou weë af en leer God se weë aan om te doen en te reageer op situasies wat die vyand of die lewe gooi na ons. Demoniese geeste het krag, maar nie gesag oor ons in Christus Jesus nie. Die duiwel en sy volgelinge het geen gesag oor enige mens, tensy daardie persoon hom toestemming gee in sy / haar lewe nie. Geeste hoort nie in die aardse ryk nie, want ons is die enigste geestelike wesens wat daardie gesag het ter wille van ons liggame en dit het God wetlike toegang in die aarde ryk gegee deur ons. Dus 'n eer vir ons om te bestaan op hierdie planeet in hierdie dag en ouderdom om te beweeg in die volle krag van God in Christus, om wonderwerke te doen deur sy Gees in ons. God wil he ons moet Sy Woord glo en daarvolgens op tree. Bonatuurlike krag is tot ons beskikking om God se wil te doen. God se karakter in ons is tot alles in staat, maar die duiwel se karakter wil ons verhinder, dus hoekom ons dit moet bestraf elke keer as hy wil openbaar in ons lewens. Ondersoek jouself as jy in die geloof is. Ons moet ons gedagtes ondersoek, wat ons glo en aksies ofdit in ooreenstemming is met die standaard van God se Woord. Ware dissipelskap is om jouself te dissipel.